D1927135

hänssler

KURT SCHERER

EHE-TÜV

Kleines, praktisches
Ehebrevier

Dr. theol. Kurt Scherer ist Pastor der evangelisch-methodistischen Kirche, stellvertretender Direktor des ERF-International (Wetzlar) und Leiter des Bereichs Seelsorge des ERF-International. Seine besonderen Aufgaben liegen in der Brief- und Telefonseelsorge, in Bibel- und Seelsorgefreizeiten sowie Seminaren für Konfliktbewältigung und biblische Lebensgestaltung.

Abdruckerlaubnis zum Gedicht von Seite 35

Quelle: Abdruck mit freundlicher Genehmigung von Frau Renate Gross, Weinheim.

Die Deutsche Bibliothek – CIP- Einheitsaufnahme

Scherer, Kurt:
Ehe-TÜV : kleines praktisches Ehebrevier / Kurt Scherer. –
Neuhausen-Stuttgart ; Hänssler, 1992
Edition C : T, Taschenbuch ; 289)
ISBN 3-7751-1826-8
NE: Edition C / T

EDITION C-Taschenbuch T 289
Bestell-Nr. 56.889

Titelbild: CEFA, Düsseldorf
Umschlaggestaltung: Daniel Dolmetsch
Satz: AbSatz Ewert-Mohr, Klein Nordende
Printed in Germany

Inhalt

Vorwort

Auch diesem Buch liegt eine Sendereihe zugrunde, die im EVANGELIUMS-RUNDFUNK (Radio Monte Carlo, MW 1467 kHz, 21.30 Uhr) ausgestrahlt wurde. Sie trug den Titel: »Ehe und Liebe«.

Anlaß dieser Sendereihe war die offensichtliche Zunahme unserer »ambulanten Seelsorge« gerade im Bereich der Eheberatung. Die Erfahrung, daß immer mehr Ehepaare mit »Trauschein ohne Ehe« leben, an der »Sprachlosigkeit in der Ehe« leiden und »positiv streiten lernen« müssen, hat zu diesem »kleinen, praktischen Ehebrevier« geführt.

Auf die darin enthaltenen »EHE-TÜV«-Bogen, die zu Hunderten angefordert und inzwischen in vielen Gemeindebriefen veröffentlicht wurden, ging ein großes Echo ein. Ehepaare reagieren dankbar, weil das Gespräch miteinander wieder in Bewegung gekommen ist, man wieder bewußter und damit intensiver miteinander zu leben beginnt.

Das zeigt, daß praktische Hilfen, in einer Zeit des vielfältigen Wissens, eine gute seelsorgerliche Anleitung zur Erneuerung der Ehe sind.

Sollten Sie – auch als Ehepaar – keinen kompetenten seelsorgerlichen Gesprächspartner für die angeschnittenen Themen und auch andere haben, können Sie sich getrost an uns wenden. Wir antworten Ihnen vertraulich und gerne. Wir haben Zeit für Sie!

Unsere Anschrift: Evangeliums-Rundfunk
Abt. Seelsorge
W- 6330 Wetzlar

Kurt Scherer
Braunfels, im April 1992

»Ehe zu dritt?!«

Vor mir sitzt eine Frau. Sie hat verweinte Augen. »Meine Ehe könnte so glücklich sein, wenn nicht diese andere Frau wäre.« Über diesen Worten legt sich eine gewisse Wehmut um ihren Mund. »Sie könnte ...«

Wir müssen feststellen, daß, obwohl es Gott sei Dank gesunde Ehen gibt, viele offenkundig gescheitert sind. Eine vielgelesene Tageszeitung unserer Tage schreibt sogar in großer Schlagzeile: »Die meisten deutschen Ehen sind krank.« Ob es die meisten sind, werden wir hier nicht entscheiden können, daß es sehr viele sind, sagen uns die täglich in unseren Seelsorgeabteilungen eingehenden Briefe. Fest steht, daß auch viel Herzeleid verborgen bleibt, und viele Tränen heimlich nachts geweint werden, etwa von der Frau, die sich wegen ihrer Kinder nicht von ihrem Mann trennt, der ihr fortwährend untreu ist.

Wenden wir uns zuerst einigen grundsätzlichen Gedanken über die Ehe zu, denn zu den größten Reichtümern der Schöpfung gehört zweifellos das Gegenüber von Mann und Frau. Beim Nachdenken darüber kommt man aus dem Staunen nicht heraus. Wie verschiedenartig sind doch Mann und Frau ihrem Wesen nach, und wie sehr gehören sie gerade deswegen zueinander und sind wechselseitig aufeinander angewiesen!

Bei der Anziehungskraft zwischen den Geschlechtern handelt es sich – im Bild gesprochen – um einen mächtigen und reißenden Strom, der nur allzu leicht über die Ufer tritt und das Land überschwemmt. Darum hat Gott, der Schöpfer und Erhalter des Lebens, diese Urgewalt des Verlangens unter eine klar bestimmte Ordnung gestellt. Es ist die Ordnung der Ehe, in der ein Mann und eine Frau sich zu einer ganzheitlichen Gemeinschaft für die Dauer des Lebens zusammenschließen und zusammenbleiben sollen. Man kann ruhig sagen: Wenn es die Ehe nicht gäbe als göttliche Schöpfung von Anbeginn der Welt an, man müßte sie erfinden als Schutzwall gegen das Chaos der geschlechtlichen Verwilderung, das sonst über die Menschheit hereinbräche.

Jesus sagte in einem Streitgespräch, in das ihn die Pharisäer zu verwickeln versuchten: Mögen die Menschen die Ehe scheiden, mag selbst Mose, der große Prophet Gottes, diesbezüglich Bestimmungen darüber getroffen haben, es ist dies doch zuletzt ein Zeichen, ein Ausdruck der Herzenshärtigkeit. Von Anbeginn an ist es so gewesen. Der ursprüngliche göttliche Plan und Wille zielt auf die Gültigkeit und Unauflöslichkeit der ehelichen Gemeinschaft (vgl. Mat 19,1-6).

Paulus sagt das so im Brief an die Epheser: Die Liebe zwischen Mann und Frau soll so stark sein, innig und treu, gleichwie Christus die Gemeinde liebt. Daß Christus seine Gemeinde jemals im Stich läßt, davon kann nicht die Rede sein. Ebensowenig soll der Mann mit der Möglichkeit spielen, die ihm angetraute Gefährtin zu verlassen. Desgleichen gilt, so wie eine rechte Gemeinde Christus als ihren Herrn niemals verleugnet, so soll auch die Frau ihrem Mann unwandelbare Treue beweisen (vgl. Eph 5,22-33).

Wenn zwei junge Menschen beiderlei Geschlechts echte Zuneigung zueinander entwickeln, wenn sie beschließen, miteinander durchs Leben zu gehen, dann ist eine solche junge Liebe immer auf Ungeteiltheit bedacht. Welcher junge Mann möchte sein geliebtes Mädchen mit anderen Männern teilen und welche glückliche Braut möchte ihren Verlobten anderen Frauen gönnen?

Die Alten belächeln oft ein wenig den Übereifer der jungen Liebenden. Sie denken wehmütig oder spöttisch: »Ach, wenn das nur immer so bliebe!« Und doch ist gerade in diesem Zusammenhang festzustellen: so ganzheitlich, so unbedingt, wie die junge Liebe sich versteht, so ist sie eigentlich von Gott her gemeint.

Und es ist schmerzlich, wenn davon später so viel verloren geht, bis hin zur offenen oder heimlichen Untreue in der Ehe.

Wie viele Ehen sind nach außen hin intakt, haben keine Not, keinen Streit, aber auch keine Höhen und keine Tiefen! Die Partner beginnen daher, sich gleichgültig zu werden; es fehlt die erste Liebe. Eine Ehe zu schließen ist grundsätzlich gesehen nicht schwierig, aber eine Ehe auf Dauer zu führen ist eine große Aufgabe. Eine Ehe schenkt gewiß großen Reichtum in leiblicher, seelischer und geistiger Erlebnisgemeinschaft. Man hat aber auch Verantwortung füreinander auf dem gemeinsamen Weg durchs Leben bis hin zum ewigen Ziel. Es ist eine Wanderung durch Sonne und Regen, durch gute und böse Tage. Verheiratet sein heißt auch, miteinander alt werden können und sich gegenseitig annehmen und ertragen – auch in dem, was uns am anderen schwerfällt. Recht verstanden ist das eine so ungeheure Aufgabe, daß sie nie und nimmer gelingen kann ohne einen Dritten im Bund: Jesus Christus, den es täglich mit hineinzunehmen gilt.

Es ist ein offenes Geheimnis, daß es um die Erhaltung der Ehe in unseren Tagen nicht zum Besten steht.

Ja, es wird geradezu gegen die Ehe Sturm gelaufen. Man erklärt, sie sei eine überaltete Einrichtung. Vor allem werde der Mann mit seinen polygamen Neigungen dabei weit überfordert. Man solle endlich den Weg zu ungebundenen und verpflichtungslosen Formen der Liebe freigeben, so wie wir es in Filmen und Magazinen ständig vorgeführt bekommen. Nur, daß dort die Ergebnisse meist verschwiegen werden. Wer die Wirklichkeit des Lebens kennt, weiß, wie leidvoll sich diese verlockenden Angebote im Leben der Beteiligten auswirken – am Gewissen der Männer, der Frauen und besonders an den Kindern, die die Last der zerstörten Ehe zu tragen haben.

Auch wenn das Gebot: »Du sollst nicht ehebrechen« die heißen Liebeswünsche des einen oder andern allzusehr stört und man sich diesem Gebot gegenüber gern eine Ausnahme gestattet, hat es doch seine Berechtigung. Gott will dadurch nicht das Leben vergällen, er will es vielmehr schützen und bewahren und es zur vollen Erfüllung bringen. Wer sich darüber hinwegsetzt, wird unweigerlich scheitern.

Mit bloßem Aufrichten von Schranken ist allerdings niemandem geholfen. Es muß schon Anleitung gegeben werden, wie man durch die Gefahren hindurchkommt, denn bei Eheproblemen hilft keine Moral mit erhobenem Zeigefinger.

Außerdem ist unsere Moral tief gesunken. Unter dem Deckmantel einer neuen Moral verbergen sich viel Schmutz und mancherlei Perversitäten. Diese neue Moral nach dem Motto »Erlaubt ist, was gefällt« hat die Ehe heute zu einem großen Teil in ein Tummelfeld der Sexualität und der Erotik verwandelt. Hier hilft nur die Ehe zu dritt, und zwar mit Jesus im Bunde. Freilich gilt es dann auch den entschlossenen Mut zu haben, aus empfangenen Einsichten Folgerungen zu ziehen. So besteht nun unsere erste Aufgabe darin, den Blick für die vorhandenen Gefahren zu schärfen. Einige Fakten müssen wir hier deutlich machen, damit man ihnen begegnen kann:

1. Die erste Gefahr ist **soziologischer Natur.** Unsere Gesellschaftsstruktur heute ist völlig differenziert. Früher heiratete man in drei Ständen: Adel, Bürger, Bauer. Bei der Gesellschaftsumschichtung, in der wir uns heute befinden, ist es bedeutend schwerer geworden, den rechten Partner zu finden.

2. Eine weitere Gefahr resultiert aus der **Subjektivierung.** Früher heiratete man mehr aus sachlichen Gründen, heute dominiert die »Liebesehe«. Kommen dann Konflikte, stellt man sich ihnen nicht, weil man es nicht gelernt hat. Meistens ist es denn auch recht schnell mit der Liebe aus.

3. In der **Verselbständigung** der Frau kann auch eine Gefährdung für die Ehe verborgen liegen. Nach der Schrift ist die Frau gleich*berechtigt*, denn sie ist dem Mann gegenüber gleich*wertig*. Aber sie ist nicht gleich*artig*. Nach Gottes Schöpfungswillen ist der Mann das Haupt und die Frau das Herz der Ehe. Dieses Bild hat sich stark geändert, denn heute ist jede zweite bis dritte Frau berufstätig und kommt in Positionen, die früher nur Männer innehatten. Durch diese Verselbständigung entsteht mancher Konflikt.

4. **Chronischer Zeitmangel** kann auch einer Ehe schaden. Jemanden lieben heißt, Zeit für ihn haben. Wie recht hat Jesus doch, wenn er sagt: »Ihr könnt nicht Gott dienen und dem Mammon« (Mt 6,24). Wenn Sie oder Ihr Ehepartner die Steigerung oder Erhaltung Ihres

Lebensstandards als oberste Priorität gesetzt haben oder Ihrem Beruf zu sehr verhaftet sind, laufen Sie Gefahr, nicht nur ein Opfer der Managerkrankheit zu werden, sondern der Moloch Hetze wird auch noch den letzten Rest Ihres Privatlebens, nämlich Ihre Ehe, verschlingen. Die Hetze ist vom Teufel (Offb 12,12). Gott will aber, daß wir Zeit füreinander haben.

5. Wenn **ein gläubiger Christ einen Nichtgläubigen heiratet** (2. Kor 6,14), fehlt dieser Ehe die gemeinsame Basis. Sie ist notwendig im Auf und Ab des Alltags. In der Gemeinschaft des Glaubens an Jesus Christus hat die Ehe und damit auch die Familie ihre tiefsten Wurzeln.

6. Man sollte möglichst nicht **in die Ehe hineinstolpern.** Von Schleiermacher stammt der Satz: »Du sollst keine Ehe schließen, die gebrochen werden muß.« Das heißt, man soll nicht in blinder Verliebtheit in eine Fehlwahl hineinstolpern, die man später doch sehr bereuen muß. Es gilt zu prüfen und zu fragen – und zwar ganz gewissenhaft –, ob der oder die Erwählte des Herzens an Leib und Seele gesund ist bzw. ob die Bereitschaft, einen bestimmten Mangel zu tragen, vorhanden ist. Ganz wesentlich ist auch, daß beide eine geistliche Heimat haben. Vor allem gilt, sich darüber klar zu werden, daß man bereits durch sein Verhalten vor der Ehe Wesentliches zum Gelingen oder Mißlingen der späteren Lebensgemeinschaft beitragen kann. Wer sich als junger Mann bedenkenlos an den freien Liebesverkehr mit verschiedenen Frauen gewöhnt hat, tut sich als Verheirateter schwer, davon zu lassen; ebenso das Mädchen, das vor der Eheschließung durch allerlei Betten gewandert ist.

7. Eine weitere Gefahrenquelle liegt im gegenseitigen **Mangel an Verständnis.** »Herr Pastor, wir verstehen uns

einfach nicht mehr.« Das ist die Klage, die ich oft zu hören bekomme. Aber warum? Sind andere Dinge wichtiger geworden? Viel Not und manche Krise im Zusammenleben von Mann und Frau entsteht in unseren Tagen aus der *Spannung von Ehe und Beruf.* Es gab eine Zeit, da hat sich die Berufsarbeit des Mannes überwiegend daheim im häuslichen Bereich abgespielt. Daraus ergab sich von selbst die enge Gemeinschaft des Erlebens von Mann und Frau. Heute liegen Wohnraum und Arbeitsstelle in den allermeisten Fällen weit auseinander. Mann und Frau sehen sich tagsüber kaum. Erst am Abend sind die beiden wieder zusammen. Sie benötigen eine Zeit der Einstimmung. Wichtig ist dabei gerade, daß man miteinander spricht und sich Anteil gibt am beiderseitigen Erleben des Tages.

Es gibt Männer, die in der Ehe bedauerlicherweise zu großen Schweigern wurden, teils sind sie zu müde, teils zu träge, um sich mit ihrer Frau lebendig zu unterhalten. Sie brummen beim Nachhausekommen gerade noch: »Wo ist die Zeitung? Was kommt heute abend im Fernsehen? Stör mich nicht weiter, ich habe heute genug Ärger gehabt!«

Man kann es einer Frau wahrhaftig nicht verübeln, wenn sie unter einer solchen Behandlung leidet und sich im stillen sagt: »Etwas mehr habe ich mir unter Verheiratetsein aber doch vorgestellt, als Hemden bügeln, Abstauben und das Essen rechtzeitig auf den Tisch zu bringen.«

Es kann aber im umgekehrten Fall auch so sein, daß die Frau sich kaum darum kümmert, was der Mann im Beruf, im täglichen Kampf durchzustehen hat. Der Mann hätte schon manchmal das Verlangen, sich mit seiner Frau darüber auszusprechen, was an Sorgenlast auf ihm liegt. Wenn aber die Frau sich keine Zeit nimmt, ihm zuzuhören, weil sie selbst so viel von ihrem Tag mit den Kindern zu erzählen hat, besteht die Gefahr, daß er sich innerlich zurückzieht. Dann kann es passieren, daß plötzlich andere Frauen, mit denen er im Beruf zusammenarbeitet, in den Vordergrund rücken. Es sind gar nicht immer die schönen Beine, die den Mann an einer Sekretärin anziehen. Es ist oft die fabelhafte Anteilnahme, welche die Mitarbeiterin im Büro am Erfolg und Mißerfolg des Mannes nimmt, bis dann eines Tages auch der erotische Funke überspringt.

8. Die Gefahr der **Verweltlichung** ist mit die gefährlichste. Wie der bewußte Gang zum Traualtar statistisch gesehen abnimmt, nimmt der Gang zum Scheidungsrichter zu. Die Ehe wird von vielen nur noch als Vertrag gesehen und nicht mehr als geschlossener Bund auf ewig, »bis der Tod uns scheide«. Ein Vertrag kann gelöst werden. Viele argumentieren: »Die Ehe ist meine Privatangelegenheit. Sie hat mit Gott doch nichts zu tun.« Viele Vorbilder werden diesbezüglich ja heute in Funk, Fernsehen und Presse geliefert. Sie üben einen negativen, zerstörerischen Einfluß aus. Wie ein Krebsgeschwür zerstören sie die gesunde biblische Moral. Diese Wunden vieler Ehen heilen nicht mit der einlullenden Droge der Selbsttäuschung. Notwendig ist eine neue, bewußt willentliche Ausrichtung an den biblischen Normen. Mehr darüber finden Sie in den folgenden Kapiteln.

Statistische Anmerkungen

Es halten für eine gute Ehe sehr wichtig:	Bevölkerung ab 18 Jahre insgesamt	
	Bundesgebiet %	Europa %
Treue	79	81
Gegenseitiger Respekt und Anerkennung	78	83
Gegenseitiges Verstehen und Toleranz	77	78
Glückliche sexuelle Beziehungen	52	65
Gemeinsame Interessen	52	46
Kinder	41	55
Von den Schwiegereltern getrennt leben	36	50
Angemessenes Einkommen	33	39
Gute Wohnverhältnisse	31	37
Den Haushalt gemeinsam machen	19	30
Gemeinsame religiöse Überzeugungen	19	23
Gleiche soziale Herkunft	15	22
Übereinstimmung in politischen Fragen	8	10

Quelle: Allensbacher Archiv, IfD-Umfrage 1295

Immer mehr Paare trauen sich nicht

Köln (dpa) Immer mehr Paare trauen sich nicht: In den vergangenen 20 Jahren sank die Zahl der Hochzeiten in Deutschland um zehn Prozent. Gleichzeitig stieg die Zahl der »wilden Ehen« um das Siebenfache auf jetzt eine Million an, berichtet das Institut der deutschen Wirtschaft (IW). Voll im Trend liegt auch die Ehe ohne Nachwuchs: So stieg die Zahl kinderloser Ehepaare von 5 Millionen 1972 auf knapp 6,4 Millionen im Jahr 1990.

19. 06. 1992

»Unsere Trauung«

Am Anfang einer Ehe steht die Eheschließung, die Trauung. Deshalb zunächst einmal dazu einige grundsätzliche Überlegungen. In vielen Kreisen ist man der Auffassung, daß erst die kirchliche Trauung eine Ehe vollgültig mache. Dies ist aber nicht der Fall. Die rechtlich gültige Ehe wird in unserem Land vor dem Standesbeamten vollzogen und nirgends sonst.

Es gibt keine Ehe »Erster Klasse« bei kirchlicher Trauung und »Zweiter Klasse«, wenn sie »nur« vor dem Standesbeamten geschlossen wurde. Die Eheschließung ist ein öffentlich-rechtlicher Akt. Die standesamtlich geschlossene Ehe – ganz gleich, ob ihr eine kirchliche Trauung folgt oder nicht – ist vollgültig. Es gibt auch heute noch manche junge Paare, die sich nur deswegen kirchlich trauen lassen, weil es in der Kirche ja viel »feierlicher« zugeht als auf dem Standesamt. Dies ist jedoch ein falsches Motiv. Wer keine innere Beziehung zu Gott hat, wer sein Gelübde nicht in vollem Ernst vor Gott ablegen kann, der sollte von einer kirchlichen Trauung ganz absehen, weil er sie sonst zu einem zwar feierlichen, aber – da innerlich nicht mitvollzogen – für ihn selbst leeren Ritus herabwürdigt.

Inhalte der kirchlichen Trauung

Für Christen, die heiraten, sollte jedoch die gottesdienstliche Feier in der Gemeinde im Anschluß an die standesamtliche Eheschließung aus folgenden Gründen selbstverständlich sein:

1. Sie wollen sich für ihr gemeinsames Leben ein wegweisendes Wort Gottes sagen lassen. Deshalb sollten sie sich gemeinsam mit ihrem Pastor Gedanken über ihren Trautext machen, der sie ihr Leben lang begleiten wird.

2. Sie wollen sich vor Gott und der Gemeinde eheliche Liebe und Treue »bis der Tod sie scheidet« geloben. Selbstverständlich werden sie als einzelne und als Paar schon zuvor sich vor Gott einander angelobt haben. Wie sie aber bei der standesamtlichen Trauung ihren Willen, als Eheleute miteinander zu leben, vor der gesellschaftlichen Öffentlichkeit bekundet haben, so tun sie es inmitten ihrer Brüder und Schwestern in der Gemeinde. Sie bekunden damit, daß sie ihre Ehe nicht nur privat, sondern auch innerhalb der Gemeinde verantwortlich vor Gott führen wollen.

Bei der kirchlichen Trauung versammeln sich die Brautleute, ihre Angehörigen und die Gemeinde zum Gottesdienst, um Gott dafür zu danken, daß zwei Menschen sich lieben und zusammenleben wollen. Eheschließung ist Frucht von gnädiger Führung und Bewahrung zweier Menschen durch Gott. Darum ist dieser Festtag und die Trauliturgie auf die Tonart der Freude und der Dankbarkeit gestimmt.

3. Sie erbitten den Segen Gottes für ihre Ehe. Auch das haben sie ganz gewiß schon zuvor selbst getan. Hier aber geht es um eine Segnung durch den Vertreter der

Gemeinde, in der Regel den Pastor oder einen Ältesten, der den Segen Gottes im Namen der ganzen Gemeinde unter Handauflegung erbittet und zuspricht. Diese drei Elemente – Wort Gottes, Gelübde und Segnung – sind also für eine Trauung in der Gemeinde grundlegend und dürfen nicht fehlen.

Formen der Trauung

Stilfragen sind zweitrangig, auch die oft heißdiskutierte Kleiderfrage. Ich selbst finde ein weißes Brautkleid schön und symbolträchtig, verstehe es aber auch, wenn junge Leute auf einen zu großen finanziellen Aufwand verzichten. Hier hat das einzelne Paar volle Freiheit.

* Auch die Art der gottesdienstlichen Feier kann durchaus unterschiedlich sein. Da ist nach wie vor die traditionelle und auch heute wohl noch am meisten verbreitete Form der *gesonderten Traufeier*. Sie wird jedoch da fragwürdig, wo nur das Brautpaar mit seinen Verwandten und engsten Freunden anwesend ist. Wenn irgend möglich sollten alle Mitglieder der Gemeinde bei der Trauung eines Paares aus ihrer Mitte anwesend sein.

* Deshalb bietet sich auch die andere Form der *Trauung in Verbindung mit einem ganz »normalen« Sonntagsgottesdienst* an, wobei allerdings die Trauhandlung kein Anhängsel sein darf, sondern im Mittelpunkt stehen sollte. Das hat den Vorteil einer großen Beteiligung der Gemeinde und bietet zudem die Gelegenheit zu einer öffentlichen Verkündigung des Wortes Gottes zu Ehe- und Familienfragen. Die Trauhandlung wird damit zugleich zu einem Zeugnis eines Paares vor einer größeren Öffentlichkeit.

* Noch eine dritte Form ist durchaus denkbar: eine nicht ganz so förmliche *Gemeindefeier.* Hier wird zwischen gottesdienstlicher Handlung und fröhlichem gemeinsamen Fest nicht so streng getrennt wie bei den anderen Formen. Aber Verkündigung, Gelübde und Segnung können und müssen dabei genauso erfolgen. Da wir nicht durch agendarische Vorschriften gebunden sind, können gerade jüngere Paare, die an traditionellen Feiern weniger Geschmack finden, durch eine Einladung an die Gemeinde ihre enge Verbundenheit mit ihren Brüdern und Schwestern bekunden.

* Neu zu überdenken ist meines Erachtens die Frage der *Haustrauung.* Je länger, je mehr komme ich persönlich zu der Überzeugung, daß sie wirklich nur in wenigen Ausnahmefällen stattfinden sollte. Weithin hat man sie ja als eine Art »Trauung minderer Ordnung« in Sonderfällen praktiziert, etwa wenn ein Kind unterwegs war oder wenn Geschiedene heirateten. Im Grunde ist dies aber ein fauler Kompromiß. Entweder wird eine Trauung vollzogen oder nicht. Auch da, wo Schuld und Irrwege vorlagen, jedoch in der Seelsorge geklärt und vergeben wurden, besteht doch kein Anlaß, nun gewissermaßen »zur Strafe« eine »Trauung minderer Art« durchzuführen, bei der die Öffentlichkeit weitgehend ausgeschlossen wird. Dadurch nimmt man der Trauung ein wesentliches Stück ihres Inhalts.

Eine biblische Begründung verschiedener Trauformen gibt es in der Tat so direkt nicht, denn die Formen der Eheschließung zur Zeit des Alten und Neuen Testaments unterschieden sich sehr von den heutigen. Die Sache aber ist die gleiche geblieben. Es geht einmal um die Eheschließung als eine öffentlich und rechtlich gültig vollzogene Handlung. Und es geht zum andern um die

Ehe, die von gläubigen Menschen in der Verantwortung vor Gott und innerhalb der Gemeinde geführt wird. Weil wir die Ehe als göttliche Ordnung heilig halten und sie gerade in einer Zeit der Aufweichungserscheinungen als gute Gabe Gottes bezeugen wollen, gehört zu einer Eheschließung von bewußten Christen die Verkündigung des Wortes Gottes, das Gelübde vor ihm, die Bitte um seinen Segen und die Anteilnahme und Mitfreude der ganzen Gemeinde.[1]

[1] Nach: Wolfgang Müller in »Die Gemeinde« vom 29.3.81

Unsere Trauung

Ort und Datum unserer standesamtlichen Trauung

Unsere Trauzeugen

Ort und Datum unserer kirchlichen Trauung

Unser Trautext

Bausteine für das gemeinsame Eheleben

Das Fundament der Ehe – Jesus Christus

Die gemeinsame Gestaltung des Ehelebens möchte ich anhand des Bildes vom Bauen darstellen. Zunächst wollen wir uns mit dem tragenden Fundament beschäftigen, auf dem sich das Miteinander aufbauen läßt.

Der Apostel Paulus schreibt in 1. Korinther 3,11: »Einen andern Grund kann niemand legen als den, der gelegt ist, welcher ist Jesus Christus.« Oder wie es in einer Übertragung heißt: »Das Fundament ist gelegt: Jesus Christus. Niemand kann ein anderes legen.«

Die durch Gott geschaffene Basis der Gemeinschaft Gott-Mensch, Schöpfer-Geschöpf, hat der Mensch durch seine Eigenwilligkeit zerstört. Er wollte selbst Herr sein und unabhängig von Gott sein Leben gestalten. Gottes Ordnungen, seine Anweisungen zum Leben interessierten ihn nicht. Was dabei herauskam und - kommt, ist »Bruch« – die vielen Ehebrüche unserer Tage sprechen hier eine deutliche Sprache.

So hat Gott in Jesus, weil er mit den Menschen Gemeinschaft haben will, ein neues Fundament gelegt. Jesus ist in den Riß getreten. Durch sein stellvertretendes Sterben hat er die Sache mit Gott wieder in Ordnung gebracht, des Menschen Schuld Gott gegenüber selbst gesühnt. Wer sein Leben nun diesem Jesus anvertraut, bekommt Anteil am Leben Gottes und somit wieder tragfähigen Grund für die Gemeinschaft mit Gott unter die Füße. Sein Leben wird heil, weil es grundlegend erneuert ist. Denn in Gemeinschaft mit Gott leben, das gibt unserem Leben den rechten Sinn und Wert.

Das gemeinsame Bauen

Vor einer Ehe baut jeder mehr oder weniger für sich allein. Das ändert sich, wenn man einem anderen Menschen begegnet, ihn liebgewinnt und den Entschluß faßt, das Leben nun gemeinsam zu gestalten. In der Zeit des Kennenlernens beginnt man bereits, miteinander Entwürfe zu fertigen, über Pläne und Vorstellungen nachzudenken und sie auch in Angriff zu nehmen. Es ist gut, dabei auch die Kosten in jeder Hinsicht zu überschlagen und einen ganz entscheidenden Faktor zu berücksichtigen: Es geht jetzt nicht mehr primär um mein Ich. Es geht um das Wir. Und trotzdem, obwohl ein Wir geworden, soll jeder den anderen lieben wie sich selbst. Also nicht: Du, du, nur du allein ... Nein! Ganz Ich im Wir! Nur so bleibt die Beziehung zueinander gesund, und jeder bleibt im Wir eine von Gott gewollte, begabte, wertgeachtete, eigenständige Persönlichkeit. Gerade darin erweist sich das Wir als tragfähig, daß ich dem anderen den Freiraum seiner Individualität lasse. Das Wir kann nur gelingen, wenn ich den andern liebe wie mich selbst und ihn nicht umgestalten will in mein Bild, das ich von ihm habe, ihn auch nicht *um*-beten will nach meinen Vorstellungen. Ich übernehme Verantwortung für den anderen, bin für ihn so da wie für mich selbst. Ich praktiziere Gottes Anweisung: »Du sollst den Herrn, deinen Gott, lieben von ganzem Herzen, von ganzer Seele, von ganzem Gemüt und von allen deinen Kräften ... Du sollst deinen Nächsten lieben wie dich selbst« (Mk 12, 30.31). Liebe ist ein Balanceakt zwischen Schenken und Nehmen, zwischen Hingabe und Selbstbehauptung. Wenn eins von beiden ausfällt, kommt die Liebe aus dem Gleichgewicht. Es wird gut sein, im Verlauf des gemeinsamen Bauens immer wieder den Ist-Stand zu überprüfen, sozusagen eine Zwischenabnahme von Jesus, dem Meister, vornehmen zu lassen, bevor irreparable Schäden entstehen. Dazu sind, Zeiten der Besinnung, des Nachdenkens, des Miteinander-Sprechens in Aufrichtigkeit und Vertrauen grundlegend notwendig. Also nichts anstehen lassen, die Mahnung der Bibel ganz ernst nehmen: »Laßt die Sonne nicht über eurem Zorn untergehen« (Eph 4, 26). Es braucht sich kein Schutt anzusammeln. Manfred Hausmann sagt es einmal so: »Liebende leben von der Vergebung.« Das gilt für die Beziehung zum Meister ebenso wie auch für das Miteinander. Und dann keine Strichliste untereinander führen, sondern sich der Vergebung dankbar freuen, ob ausgeteilt oder angenommen.

Jesus vergleicht einmal den Menschen, der seine Anweisungen hört und sie ausführt, mit einem klugen Mann, der sein Haus auf Felsen baute. Als die Stürme des Lebens kamen, konnten sie das Haus nicht wegspülen. Im Matthäusevangelium lesen wir am Ende der Bergpredigt diese Begebenheit:

»Darum, wer diese meine Rede hört und tut sie, der gleicht einem klugen Mann, der sein Haus auf Fels baute. Als nun ein Platzregen fiel und die Wasser kamen und die Winde wehten und stießen an das Haus, fiel es doch nicht ein; denn es war auf Fels gegründet. Und wer diese meine Rede hört und tut sie nicht, der gleicht einem törichten Mann, der sein Haus auf Sand baute. Als nun ein Platzregen fiel und die Wasser kamen und die Winde wehten und stießen an das Haus, da fiel es ein, und sein Fall war groß« (Mt 7,24-27).

Die Baugenehmigung – der Segen Gottes

Wer um den Segen Gottes bittet, will offiziell – um das wieder im Bild auszudrücken – von Gott die Baugenehmigung für seine Ehe einholen. Er erbittet Gottes Hilfe für das gemeinsame Gestalten des Ehelebens. Da an Gottes Segen, an seinem Ja zu unserem gemeinsamen Gestalten des Lebens, alles gelegen ist, handelt der richtig, der bewußt diesen Segen Gottes – und das immer wieder – erbittet. Menschen, die bewußt in Gottes Gegenwart leben, sind Gesegnete. Das Wort »Segen« erinnert an signieren, an Signum, also Zeichen. Gesegnete sind von Gott beschlagnahmte Menschen. Sie wissen sich unter der Leitung des Heiligen Geistes.

Dieses Bewußt-Sein ist heute vielfach verlorengegangen. Sicher liegt es mit daran, daß man sich nicht mehr der Gegenwart Gottes in allen Lebenslagen bewußt ist und deshalb auch nicht mehr die Kraft kennt, die vom Segen Gottes ausgeht. Gesegneter sein heißt: Ich stehe unter dem Schutz Gottes. Das sagt er mir zu. Dieses Wissen schenkt Zuversicht in einer Zeit, da die Angst lebensbedrohend geworden ist (4. Mose 6,24-26). Gesegneter sein heißt: Ich stehe in Gottes Gnade. In einer gnadenlosen Zeit läßt dieses Wissen aufatmen. Nichts kann uns scheiden von der Liebe Gottes (Röm 8,31 ff.). Gesegneter sein heißt: Ich stehe im Frieden Gottes. Da ist Geborgenheit (1. Thess 5,23.24).

Gottes Schutz, seine Gnade und sein Friede sind heilsame Therapie für unser Leben. Das braucht man. Der Gesegnete rechnet mit der Macht Gottes, mit seinem Wirken – und das hat Auswirkungen.

Der Bauplan – Gottes Wort

In Gottes Wort, der Bibel, sind uns die Baupläne anvertraut. Es gilt, sie zu studieren – allein und gemeinsam. Wer sich daran hält, wird davor bewahrt, an den Ordnungen Gottes, des Schöpfers und Erhalters des Lebens, vorbeizuplanen und zu bauen. Dazu sollte man sich genügend Zeit nehmen und nicht nur so im Vorbeigehen, nicht nur in Krisenzeiten, sondern täglich in Gottes Wort lesen. Es ist gut für die Beziehung, sich darüber auszutauschen, was das Gelesene für die Gestaltung des eigenen und gemeinsamen Lebens bedeutet, welche Konsequenzen zu ziehen sind. Dort, wo man unterschiedlicher Meinung ist, müssen Kompromisse gefunden werden. Aber nicht im Sinne von: Du mußt mir immer entgegenkommen; das wird vielmehr wechselseitig sein.

Es gibt ein in der Erfahrung erprobtes Wort des Kirchenvaters Augustinus: »Im Notwendigen (also im Fundament) Einigkeit, im Zweifelhaften (das kann auch einmal die Bauausführung sein) Freiheit, über allem aber die Liebe.« Sie bewahrt davor, das Leben total zu verplanen, sich gegenseitig maßlos zu verletzen.

Daran erinnert Paulus an einer anderen Stelle seines Briefes an die Korinther, wenn er schreibt: »Wer liebt, ist geduldig und gütig. Wer liebt, der ereifert sich nicht, er prahlt nicht und spielt sich nicht auf. Wer liebt, der verhält sich nicht taktlos, er sucht nicht den eigenen Vorteil und läßt sich nicht zum Zorn erregen. Wer liebt, der trägt keinem etwas nach; es freut ihn nicht, wenn einer Fehler macht, sondern wenn er das Rechte tut. Wer liebt, der gibt niemals jemand auf, in allem vertraut er und hofft er für ihn; alles erträgt er mit großer Geduld« (1. Kor 13, 4-7; Gute Nachricht).

Gottes Wort als Bauplan fürs Leben, auch fürs Eheleben! Da ist es gut, sich auch an die Anweisungen zu halten, die uns an die Grenzen zu »Nachbars Garten« erinnern, z. B. an die Zehn Gebote, die zehn Freiheiten zum Leben. Wenn es da heißt: »Du sollst nicht ehebrechen. Du sollst nicht stehlen. Du sollst kein falsch Zeugnis reden wider deinen Nächsten. Du sollst nicht begehren deines Nächsten Haus. Du sollst nicht begehren deines Nächsten Weib, Knecht, Magd, Rind, Esel noch alles, was dein Nächster hat« (2. Mose 20, 14-17). Da werden heilsame Grenzen aufgezeigt.

Um im bisherigen Bild zu bleiben: also Vorsicht bei »Schwarzarbeiten«, daß man etwas tut, was nicht nach Gottes Ordnungen ist und was man früher oder später bitter bereuen und teuer bezahlen müßte. Besser, man läßt es von vornherein sein. Man erspart sich viel Herzeleid.

Baumeister des gemeinsamen Lebens – die Eheleute

Jeder ist für die Bauausführungen selbst verantwortlich. Er ist dafür verantwortlich, wie er baut bzw. wie er lebt. Auch wann er baut und wann nicht. Es gibt im Leben Zeiten der Aktivität und Zeiten der Ruhe. Eigene

Wünsche und Vorstellungen sollen beim Namen genannt werden. Werden sie permanent unter den Teppich gekehrt, bleibt es nicht aus, daß man eines Tages darüber stolpert. Das kann man sich ersparen, wenn man offen und ehrlich miteinander umgeht, das heißt, sich gegenseitig ehrt und achtet, miteinander spricht, sich verständlich macht, um verstanden zu werden.

Baumeister des gemeinsamen Lebens sein bedeutet, auch für den Ehepartner Verantwortung zu tragen. Das meint nicht, ihm ständig dreinzureden. Aber es kann heißen, wenn ich Gefahren sehe, ihn in liebevoller Weise darauf aufmerksam zu machen, einladend zu bitten: »Sage mir, warum du jetzt so entscheidest.« Damit man weiterhin gemeinsam die Verantwortung übernehmen kann.

Gott gibt uns einen Freiraum bei allen Geboten und Ordnungen, die er uns zum Leben gemacht hat. Diesen Freiraum wollen wir uns nicht in falscher Angst, z. B. durch das Denken: »Was sagen die Leute ...?« unnötig verengen lassen. Es gibt eine ganz individuelle Lebensgestaltung im abgedeckten Rahmen unseres Lebens, die sich niemand vermiesen lassen muß. Das will Gott nicht. Er ist kein Miesmacher. Er will, daß wir zu echter Lebensqualität finden.

Der Verantwortung für die Lebensgestaltung kann man nur dann richtig nachkommen, wenn man bewußt abhängig bleibt vom Bauleiter: »Einer ist euer Meister: Christus« (Mt 23,8), lesen wir in Gottes Wort.

Konkret heißt das:
– nach seinem Willen fragen,
– Prioritäten für Besprechungen mit ihm setzen,
– die Termine *mit* ihm haben Vorrang vor Terminen *für* ihn,

– bei Unklarheiten über die tatsächliche Gestaltung des Lebens sich bei ihm vergewissern, damit auf dem gelegten Fundament auch ein stabiles Lebensgebäude entsteht,
– sich an die Ordnungen verbindlich halten, bewahrt vor Fehlkonstruktionen. Man verplant sich nicht, sondern nutzt mit Freuden die vielfältigen Möglichkeiten, die Gottes Wort aufzeigt.

Es wird kaum ausbleiben, daß das Lebenshaus auch Erschütterungen ausgesetzt wird, wenn die Stürme des Lebens darübergehen: Anfechtung, nicht verstandene Wegführungen, Krankheit, Not – verschuldet oder nicht verschuldet ... Da ist es wesentlich, daß bisher tatsächlich echte und haltbare Bauelemente verwendet wurden: Glaube, Hoffnung, Liebe sind die wesentlichen. Gott stellt sie in Einzelteilen zur Verfügung: »Liebe, Freude, Friede, Geduld, Freundlichkeit, Güte, Treue, Sanftmut, Keuschheit« (Gal 5,22.23a). Man kann sie erbitten, sozusagen im Gebet abholen auf Gottes unerschöpflichem Bauhof.

Haben Sie Mut, Erkanntes, das einer Veränderung bedarf, anzupacken und mit Gottes Hilfe zu verändern. Es lohnt sich – für Sie und Ihre Ehe. Und vor allem: Gott wird dadurch verherrlicht!

Wir steh'n vor deinem Angesicht

Wir stehn vor deinem Angesicht
und wolln, Herr, deinen Segen.
Wir bitten: Laß dein göttlich Licht
hell leuchten unsren Wegen!
Aus deinen Gnaden leben wir mit allem, was wir haben.
Wir beugen uns im Dank vor dir, dem Geber aller
Gaben.

Du hast uns soviel Guts getan und täglich neu bereitet,
hast uns vom Mutterleibe an gar wunderbar geleitet
und schenkst, daß keines einsam sei,
uns heute eins dem andern,
rufst uns zur Ehe, daß wir zwei fortan zusammen
wandern.

Aus deiner Hand, Herr, nehmen wir einander froh
entgegen,
wenn wir die Hände nun vor dir fest ineinander legen.
Laß unsren Bund uns stark und rein in Lieb und Treu
bewahren!
Wollst selbst bei unsrer Wegfahrt sein,
daß wir dein Hilf erfahren.

Arno Pötzsch

Worte der Bibel

Die zehn Gebote

(2. Mose 20, 1-17)

Und Gott redete alle diese Worte:

Ich bin der HERR, dein Gott, der ich dich aus Ägyptenland, aus der Knechtschaft, geführt habe.

Du sollst keine anderen Götter haben neben mir.

Du sollst dir kein Bildnis noch irgendein Gleichnis machen, weder von dem, was oben im Himmel, noch von dem, was unten auf Erden, noch von dem, was im Wasser unter der Erde ist:

Bete sie nicht an und diene ihnen nicht! Denn ich, der HERR, dein Gott, bin ein eifernder Gott, der die Missetat der Väter heimsucht bis ins dritte und vierte Glied an den Kindern derer, die mich hassen,

aber Barmherzigkeit erweist an vielen Tausenden, die mich lieben und meine Gebote halten.

Du sollst den Namen des HERRN, deines Gottes, nicht mißbrauchen; denn der HERR wird den nicht ungestraft lassen, der seinen Namen mißbraucht.

Gedenke des Sabbattages, daß du ihn heiligest.

Sechs Tage sollst du arbeiten und alle deine Werke tun.

Aber am siebenten Tage ist der Sabbat des HERRN, deines Gottes. Da sollst du keine Arbeit tun, auch nicht dein Sohn, deine Tochter, dein Knecht, deine Magd, dein Vieh, auch nicht dein Fremdling, der in deiner Stadt lebt.

Denn in sechs Tagen hat der HERR Himmel und Erde gemacht und das Meer und alles, was darinnen ist, und ruhte am siebenten Tage. Darum segnete der HERR den Sabbattag und heiligte ihn.

Du sollst deinen Vater und deine Mutter ehren, auf daß du lange lebest in dem Lande, das dir der HERR, dein Gott, geben wird.

Du sollst nicht töten.

Du sollst nicht ehebrechen.

Du sollst nicht stehlen.

Du sollst nicht falsch Zeugnis reden wider deinen Nächsten.

Du sollst nicht begehren deines Nächsten Haus.

Du sollst nicht begehren deines Nächsten Weib, Knecht, Magd, Rind, Esel noch alles, was dein Nächster hat.

Der gute Hirte
(Psalm 23)

Der HERR ist mein Hirte, mir wird nichts mangeln.

Er weidet mich auf einer grünen Aue und führet mich zum frischen Wasser.

Er erquicket meine Seele. Er führet mich auf rechter Straße um seines Namens willen.

Und ob ich schon wanderte im finsteren Tal, fürchte ich kein Unglück; denn du bist bei mir, dein Stecken und Stab trösten mich.

Du bereitest vor mir einen Tisch im Angesicht meiner Feinde.

Du salbest mein Haupt mit Öl und schenkest mir voll ein.

Gutes und Barmherzigkeit werden mir folgen mein Leben lang, und ich werde bleiben im Hause des HERRN immerdar.

Das Hohelied der Barmherzigkeit Gottes
(Psalm 103)

Lobe den HERRN, meine Seele, und was in mir ist, seinen heiligen Namen!

Lobe den HERRN, meine Seele, und vergiß nicht, was er dir Gutes getan hat:

der dir alle deine Sünde vergibt und heilet alle deine Gebrechen,

der dein Leben vom Verderben erlöst, der dich krönet mit Gnade und Barmherzigkeit,

der deinen Mund fröhlich macht, und du wieder jung wirst wie ein Adler.

Der HERR schafft Gerechtigkeit und Recht allen, die Unrecht leiden.

Er hat seine Wege Mose wissen lassen, die Kinder Israel sein Tun.

Barmherzig und gnädig ist der HERR, geduldig und von großer Güte.

Er wird nicht für immer hadern noch ewig zornig bleiben.

Er handelt nicht mit uns nach unsern Sünden und vergilt uns nicht nach unsrer Missetat.

Denn so hoch der Himmel über der Erde ist, läßt er seine Gnade walten über denen, die ihn fürchten.

So fern der Morgen ist vom Abend, läßt er unsre Übertretungen von uns sein.

Wie sich ein Vater über Kinder erbarmt, so erbarmt sich der HERR über die, die ihn fürchten.

Denn er weiß, was für ein Gebilde wir sind; er gedenkt daran, daß wir Staub sind.

Ein Mensch ist in seinem Leben wie Gras, er blüht wie eine Blume auf dem Felde;

wenn der Wind darüber geht, so ist sie nimmer da, und ihre Stätte kennt sie nicht mehr.

Die Gnade aber des HERRN währt von Ewigkeit zu Ewigkeit über denen, die ihn fürchten,

und seine Gerechtigkeit auf Kindeskind bei denen, die seinen Bund halten und gedenken an seine Gebote, daß sie danach tun.

Der HERR hat seinen Thron im Himmel errichtet, und sein Reich herrscht über alles.

Lobet den HERRN, ihr seine Engel, ihr starken Helden, die ihr seinen Befehl ausrichtet, daß man höre auf die Stimme seines Wortes!

Lobet den HERRN, alle seine Heerscharen, seine Diener, die ihr seinen Willen tut!

Lobet den HERRN, alle seine Werke, an allen Orten seiner Herrschaft.

Lobe den HERRN, meine Seele!

Die Seligpreisungen

(Mt 5,1-12)

Als er aber das Volk sah, ging er auf einen Berg und setzte sich; und seine Jünger traten zu ihm.

Und er tat seinen Mund auf, lehrte sie und sprach:

Selig sind, die da geistlich arm sind; denn ihrer ist das Himmelreich.

Selig sind, die da Leid tragen; denn sie sollen getröstet werden.

Selig sind die Sanftmütigen; denn sie werden das Erdreich besitzen.

Selig sind, die da hungert und dürstet nach der Gerechtigkeit; denn sie sollen satt werden.

Selig sind die Barmherzigen; denn sie werden Barmherzigkeit erlangen.

Selig sind, die reinen Herzens sind; denn sie werden Gott schauen.

Selig sind die Friedfertigen;* denn sie werden Gottes Kinder heißen.

Selig sind, die um der Gerechtigkeit willen verfolgt werden; denn ihrer ist das Himmelreich.

Selig seid ihr, wenn euch die Menschen um meinetwillen schmähen und verfolgen und reden allerlei Übles gegen euch, wenn sie damit lügen.

* Andere Übersetzung: »die Frieden stiften«.

Seid fröhlich und getrost; es wird euch im Himmel reichlich belohnt werden. Denn ebenso haben sie verfolgt die Propheten, die vor euch gewesen sind.

Das Hohelied der Liebe

(1. Kor 13, 1-13)

Wenn ich mit Menschen- und mit Engelzungen redete und hätte die Liebe nicht, so wäre ich ein tönendes Erz oder eine klingende Schelle.

Und wenn ich prophetisch reden könnte und wüßte alle Geheimnisse und alle Erkenntnis und hätte allen Glauben, so daß ich Berge versetzen könnte, und hätte die Liebe nicht, so wäre ich nichts.

Und wenn ich alle meine Habe den Armen gäbe und ließe meinen Leib verbrennen,* und hätte die Liebe nicht, so wäre mir's nichts nütze.

Die Liebe ist langmütig und freundlich, die Liebe eifert nicht, die Liebe treibt nicht Mutwillen, sie bläht sich nicht auf,

sie verhält sich nicht ungehörig, sie sucht nicht das Ihre, sie läßt sich nicht erbittern, sie rechnet das Böse nicht zu,

sie freut sich nicht über die Ungerechtigkeit, sie freut sich aber an der Wahrheit;

sie erträgt alles, sie glaubt alles, sie hofft alles, sie duldet alles.

Die Liebe hört niemals auf, wo doch das prophetische Reden aufhören wird und das Zungenreden aufhören wird und die Erkenntnis aufhören wird.

* Alte wichtige Textzeugen haben: »und meinen Leib hingäbe, um Ruhm zu gewinnen«.

Denn unser Wissen ist Stückwerk, und unser prophetisches Reden ist Stückwerk.

Wenn aber kommen wird das Vollkommene, so wird das Stückwerk aufhören.

Als ich ein Kind war, da redete ich wie ein Kind und dachte wie ein Kind und war klug wie ein Kind; als ich aber ein Mann wurde, tat ich ab, was kindisch war.

Wir sehen jetzt durch einen Spiegel ein dunkles Bild; dann aber von Angesicht zu Angesicht. Jetzt erkenne ich stückweise; dann aber werde ich erkennen, wie ich erkannt bin.

Nun aber bleiben Glaube, Hoffnung, Liebe, diese drei; aber die Liebe ist die größte unter ihnen.

Die christliche Haustafel

(Eph 5,21-6,4)

Ordnet euch einander unter in der Furcht Christi.

Ihr Frauen, ordnet euch euren Männern unter wie dem Herrn.

Denn der Mann ist das Haupt der Frau, wie auch Christus das Haupt der Gemeinde ist, die er als seinen Leib erlöst hat.

Aber wie nun die Gemeinde sich Christus unterordnet, so sollen sich auch die Frauen ihren Männern unterordnen in allen Dingen.

Ihr Männer, liebt eure Frauen, wie auch Christus die Gemeinde geliebt hat und hat sich selbst dahingegeben, um sie zu heiligen. Er hat sie gereinigt durch das Wasserbad im Wort, damit er sie vor sich stelle als eine Gemeinde, die herrlich sei und keinen Flecken oder Runzel oder etwas dergleichen habe, sondern die heilig und untadelig sei.

So sollen auch die Männer ihre Frauen lieben wie ihren eigenen Leib. Wer seine Frau liebt, der liebt sich selbst.

Denn niemand hat je sein eigenes Fleisch gehaßt; sondern er nährt und pflegt es, wie auch Christus die Gemeinde.

Denn wir sind Glieder seines Leibes.

»Darum wird ein Mann Vater und Mutter verlassen und an seiner Frau hängen, und die zwei werden ein Fleisch sein« (1. Mose 2,24).

Dies Geheimnis ist groß; ich deute es aber auf Christus und die Gemeinde.

Darum auch ihr: ein jeder habe lieb seine Frau wie sich selbst; die Frau aber ehre den Mann.

Ihr Kinder, seid gehorsam euren Eltern in dem Herrn; denn das ist recht.

»Ehre Vater und Mutter«, das ist das erste Gebot, das eine Verheißung hat:

»auf daß dir's wohl gehe und du lange lebest auf Erden« (5. Mose 5,16).

Und ihr Väter, reizt eure Kinder nicht zum Zorn, sondern erzieht sie in der Zucht und Ermahnung des Herrn.

Leben in der Gemeinschaft mit Christus

(Phil 2,1-5)

Ist nun bei euch Ermahnung in Christus, ist Trost der Liebe, ist Gemeinschaft des Geistes, ist herzliche Liebe und Barmherzigkeit,

so macht meine Freude dadurch vollkommen, daß ihr eines Sinnes seid, gleiche Liebe habt, einmütig und einträchtig seid.

Tut nichts aus Eigennutz oder um eitler Ehre willen, sondern in Demut achte einer den andern höher als sich selbst, und ein jeder sehe nicht auf das Seine, sondern auch auf das, was dem andern dient. Seid so unter euch gesinnt, wie es auch der Gemeinschaft in Christus Jesus entspricht.

Mahnung zur Einigkeit und zur Freude im Herrn

(Phil 4, 1-7)

Also, meine lieben Brüder, nach denen ich mich sehne, meine Freude und meine Krone, steht fest in dem Herrn, ihr Lieben.

Evodia ermahne ich und Syntyche ermahne ich, daß sie eines Sinnes seien in dem Herrn.

Ja, ich bitte auch dich, mein treuer Gefährte, steh ihnen bei; sie haben mit mir für das Evangelium gekämpft, zusammen mit Klemens und meinen andern Mitarbeitern, deren Namen im Buch des Lebens stehen.

Freuet euch in dem Herrn allewege, und abermals sage ich: Freuet euch!

Eure Güte laßt kundsein allen Menschen! Der Herr ist nahe!

Sorgt euch um nichts, sondern in allen Dingen laßt eure Bitten im Gebet und Flehen mit Danksagung vor Gott kundwerden!

Und der Friede Gottes, der höher ist als alle Vernunft, bewahre eure Herzen und Sinne in Christus Jesus.

Der alte und der neue Mensch

(Kol 3,12-17)

So zieht nun an als die Auserwählten Gottes, als die Heiligen und Geliebten, herzliches Erbarmen, Freundlichkeit, Demut, Sanftmut, Geduld; und ertrage einer den andern und vergebt euch untereinander, wenn jemand Klage hat gegen den andern; wie der Herr euch vergeben hat, so vergebt auch ihr!

Über alles aber zieht an die Liebe, die da ist das Band der Vollkommenheit.

Und der Friede Christi, zu dem ihr auch berufen seid in einem Leibe, regiere in euren Herzen; und seid dankbar.

Laßt das Wort Christi reichlich unter euch wohnen: lehrt und ermahnt einander in aller Weisheit; mit Psalmen, Lobgesängen und geistlichen Liedern singt Gott dankbar in euren Herzen.

Und alles, was ihr tut mit Worten oder mit Werken, das tut alles im Namen des Herrn Jesus und dankt Gott, dem Vater, durch ihn.

Die christliche Haustafel

(Kol 3,18-23)

Ihr Frauen, ordnet euch euren Männern unter, wie sich's gebührt in dem Herrn.

Ihr Männer, liebt eure Frauen und seid nicht bitter gegen sie.

Ihr Kinder, seid gehorsam den Eltern in allen Dingen; denn das ist wohlgefällig in dem Herrn.

Ihr Väter, erbittert eure Kinder nicht, damit sie nicht scheu werden.

Ihr Sklaven, seid gehorsam in allen Dingen euren irdischen Herren, nicht mit Dienst vor Augen, um den Menschen zu gefallen, sondern in Einfalt des Herzens und in der Furcht des Herrn.

Alles, was ihr tut, das tut von Herzen als dem Herrn und nicht den Menschen.

Die Liebe Gottes und die Liebe zum Bruder

(1. Joh 4, 7-5, 15)

Ihr Lieben, laßt uns einander lieb haben; denn die Liebe ist von Gott, und wer liebt, der ist von Gott geboren und kennt Gott.

Wer nicht liebt, der kennt Gott nicht; denn Gott ist die Liebe.

Darin ist erschienen die Liebe Gottes unter uns, daß Gott seinen eingeborenen Sohn gesandt hat in die Welt, damit wir durch ihn leben sollen.

Darin besteht die Liebe: nicht, daß wir Gott geliebt haben, sondern daß er uns geliebt hat und gesandt seinen Sohn zur Versöhnung für unsre Sünden.

Ihr Lieben, hat uns Gott so geliebt, so sollen wir uns auch untereinander lieben.

Niemand hat Gott jemals gesehen. Wenn wir uns untereinander lieben, so bleibt Gott in uns, und seine Liebe ist in uns vollkommen.

Daran erkennen wir, daß wir in ihm bleiben und er in uns, daß er uns von seinem Geist gegeben hat.

Und wir haben gesehen und bezeugen, daß der Vater den Sohn gesandt hat als Heiland der Welt.

Wer nun bekennt, daß Jesus Gottes Sohn ist, in dem bleibt Gott und er in Gott.

Und wir haben erkannt und geglaubt die Liebe, die Gott zu uns hat.

Gott ist die Liebe; und wer in der Liebe bleibt, der bleibt in Gott und Gott in ihm.

Darin ist die Liebe bei uns vollkommen, daß wir Zuversicht haben am Tag des Gerichts; denn wie er ist, so sind auch wir in dieser Welt. Furcht ist nicht in der Liebe,

sondern die vollkommene Liebe treibt die Furcht aus; denn die Furcht rechnet mit Strafe. Wer sich aber fürchtet, der ist nicht vollkommen in der Liebe.

Laßt uns lieben, denn er hat uns zuerst geliebt.

Wenn jemand spricht: Ich liebe Gott, und haßt seinen Bruder, der ist ein Lügner. Denn wer seinen Bruder nicht liebt, den er sieht, wie kann er Gott lieben, den er nicht sieht?

Und dies Gebot haben wir von ihm, daß, wer Gott liebt, daß der auch seinen Bruder liebe.

Die Kraft des Glaubens

Wer glaubt, daß Jesus der Christus ist, der ist von Gott geboren; und wer den liebt, der ihn geboren hat, der liebt auch den, der von ihm geboren ist.

Daran erkennen wir, daß wir Gottes Kinder lieben, wenn wir Gott lieben und seine Gebote halten.

Denn das ist die Liebe zu Gott, daß wir seine Gebote halten; und seine Gebote sind nicht schwer.

Denn alles, was von Gott geboren ist, überwindet die Welt; und unser Glaube ist der Sieg, der die Welt überwunden hat.

Wer ist es aber, der die Welt überwindet, wenn nicht der, der glaubt, daß Jesus Gottes Sohn ist?

Gottes Zeugnis von seinem Sohn

Dieser ist's, der gekommen ist durch Wasser und Blut, Jesus Christus; nicht im Wasser allein, sondern im Wasser und im Blut; und der Geist ist's, der das bezeugt, denn der Geist ist die Wahrheit.

Denn drei sind, die das bezeugen: der Geist und das Wasser und das Blut; und die drei stimmen überein.

Wenn wir der Menschen Zeugnis annehmen, so ist Gottes Zeugnis doch größer; denn das ist Gottes Zeugnis, daß er Zeugnis gegeben hat von seinem Sohn.

Wer an den Sohn Gottes glaubt, der hat dieses Zeugnis in sich. Wer Gott nicht glaubt, der macht ihn zum Lügner; denn er glaubt nicht dem Zeugnis, das Gott gegeben hat von seinem Sohn.

Und das ist das Zeugnis, daß uns Gott das ewige Leben gegeben hat, und dieses Leben ist in seinem Sohn.

Wer den Sohn hat, der hat das Leben; wer den Sohn Gottes nicht hat, der hat das Leben nicht.

Bitte und Fürbitte

Das habe ich euch geschrieben, damit ihr wißt, daß ihr das ewige Leben habt, die ihr glaubt an den Namen des Sohnes Gottes.

Und das ist die Zuversicht, die wir haben zu Gott: Wenn wir etwas bitten nach seinem Willen, so hört er uns.

Und wenn wir wissen, daß er uns hört, worum wir auch bitten, so wissen wir, daß wir erhalten, was wir von ihm erbeten haben.

Ehen mit beschränkter Haftung

Immer mehr Brautpaare machen vor der Ehe Inventur

Dieter war just der Typ Mann, vor dem die Eltern der 29jährigen Sybille sie immer gewarnt hatten. Aber wo die Liebe hinfällt, finden elterliche Ratschläge selten fruchtbaren Boden. Dabei brachte der Charmeur außer seiner persönlichen Habe, die in einen Koffer paßte, und einer abgebrochenen Berufsausbildung allerlei Erblasten mit in die romantische Zweisamkeit: Schulden und einen nur mäßig ausgeprägten Hang zum Broterwerb. Die Gläubiger waren rasch befriedigt – aus einer noblen Aussteuerversicherung, für die Sybilles Eltern nahezu drei Jahrzehnte lang Beiträge entrichtet hatten. Dann bat, zwecks Einrichtung eines kuscheligen Heimes, die Frischvermählte ihre wohlhabenden Eltern mit der Hälfte des zu erwartenden Erbteils zur Kasse.

So weit, so gut. Dieter drückte alsbald wieder die Schulbank zur endlichen Vervollständigung seiner Bildung, und dem jungen Paar mangelte es an nichts, weil Sybille nicht nur eine wohlbestallte Rundfunkredakteurin ist, sondern auch höchst talentiert und einträglich Kinderbücher zu verfassen wußte. So mehrte sie mit Liebe und großem Fleiß den gemeinschaftlichen Wohlstand und die familiären Rücklagen Tag um Tag.

Bis zur fünften Wiederkehr des Hochzeitstages. Da war's der Alleinverdienerin Sybille leid, daß es mit der Romantik beständig abwärts, mit dem Beruf des Gemahls nicht vorwärts – und mit seinen Ausgaben nur noch aufwärts ging. Sie gab ihrem kostenträchtigen Playboy den Laufpaß. Der clevere Dieter zeigte sich auch einverstanden – und kassierte »im Namen des Volkes« die Hälfte des ehelichen Zugewinns – Mark für Mark von Sybille erworben – nebst einem Versorgungsanspruch von annähernd 200 Mark pro Monat für seine alten Tage. Sybille bitter: »In den ganzen Jahren hat er nicht mal ein Küchentuch angefaßt!« Sie registrierte »eine fulminante Pleite«!

Solcherlei Pleiten, es gibt sie natürlich ebenso – wenn nicht häufiger – mit vertauschten Rollen, sind so selten nicht. Das vor 13 Jahren in Kraft getretene und seitdem nicht mehr aus der Diskussion gekommene reformierte Eherecht führt zu allerlei Absonderlichkeiten, die jeweils einer Hälfte der Betroffenen die Zornesadern und bei der anderen Hälfte die Bank- und Rentenkonten anschwellen läßt.

Da werden ordentlich Verdienende plötzlich zu Fällen für die Sozialhilfe, auf gespenstische Weise halbieren sich Rentenansprüche, und mancher Gehörnte klagt, daß er seinen Nebenbuhler, manche Ex-Ehefrau, daß sie die Geliebte ihres Verflossenen alimentieren soll. Manche Ehe endet seitdem für den einen im finanziellen Desaster, für den anderen mit sattem Reibach.

Per Scheidungsurteil umverteilt werden nach Expertenschätzungen Jahr für Jahr rund 20 Milliarden Mark. Das ist nur die Spitze des Eisbergs freilich, denn nicht eingerechnet sind dabei Renten- und Versorgungsansprüche und auch nicht die fortlaufenden Unterhaltszahlungen, die verdienende Partner an ihre Ex-Gatten zu überweisen haben, weil das Eherecht gewissermaßen einen Bestandsschutz in Sachen ehelichem Lebensstandard gewährleistet. Die bislang nicht berufstätige Ehefrau hat Anspruch auf drei Siebentel des Einkommens ihres Verflossenen, hinzu kommen angemessene Beiträge für den Kindesunterhalt. Ein Geschiedener mit vier unterhaltsberechtigten Kindern beispielsweise muß sein Einkommen als Lediger versteuern und rutscht dadurch an die Armutsgrenze. Für den Zahlungspflichtigen nämlich gibt es – paradox – keinen Bestandsschutz.

»So nicht!« sagen sich deshalb immer mehr Heiratswillige und hebeln das bürgerliche Eherecht per Vertrag aus, zumindest in seinen wesentlichen, vermögenswirksamen Bestandteilen. Was in begüterten Kreisen schon seit dem Mittelalter Brauch ist, wird zum Gemeingut. Immer öfter steht vor dem Jawort in Standesamt und Kirche die Beurkundung einer Art »Eröffnungsbilanz« nebst einem mehr oder minder umfänglichen Regelwerk für den Fall, daß die Liebe hinfällt, vor dem Notar. Vertrauen ist gut, Vorsorge ist besser.

Das »Ehevertrag« genannte Dokument hat Konjunktur. Jedes zehnte Brautpaar nahm 1989 vor dem Standesamtstermin einen Termin abseits vom Hochzeitstrubel zwecks Regelung jener Folgen wahr, die, bei aller Liebe, am Ende des Honigmondes stehen können – und immer häufiger auch stehen. Immerhin ist die statistische Wahrscheinlichkeit, daß eine heute geschlossene Ehe ein Bund fürs Leben wird, kaum fifty-fifty.

In einem Ehevertrag lassen sich Paare ihr Einbringsel in den Ehebund auf Heller und Pfennig beurkunden, den sogenannten »gesetzlichen Güterstand« – der immer ein gemeinschaftlicher ist – eliminieren, die Gemeinschaft im Zugewinn ausschließen. Unterhaltspflichten für den Fall des Scheiterns der Ehe können ausgeschlossen oder begrenzt werden. Scheidungsexperte Heinemann: »Regelbar ist in einem privatrechtlichen

Vertrag praktisch alles, was nicht gegen die guten Sitten verstößt.« So lassen sich beispielsweise weder Kinderlosigkeit der Ehe noch Verzicht auf körperliche Zärtlichkeiten per Vertrag regeln. Auch die Verbannung eines Partners an den häuslichen Herd ist unzulässig. Andererseits darf von A wie Altersversorgung bis Z wie Zugewinn alles in das private Regelwerk aufgenommen werden; vor allem wenn's ums Geld geht.

Dabei, so Heinemann, »ist der Ehevertrag eine preiswerte Sache. Die notarielle Beurkundung kostet meist weniger als das Brautkleid – hält nur länger.« Bei einem Vertragswert von 100 000 Mark beispielsweise verlangt der Notar um die 600 Mark. Natürlich ist es nicht jedermanns Sache, »im siebten Himmel an die Vorhölle zu denken« (Heinemann), aber das sonst so verbreitete Sicherheitsdenken ausgerechnet dort schlummern zu lassen, wo das statistische Risiko für den Status quo besonders hoch ist, erscheint sogar Tugendwächtern als heikel. Anwalt Heinemann findet es »schon ein bißchen merkwürdig, daß jeder seinen Hausrat doppelt und dreifach versichert, aber in den folgenschwersten Vertragsabschluß seines Lebens ohne jede Sicherheit geht«.

Soziales Bekenntnis
(der Evangelisch-Methodistischen Kirche)

Wir glauben an Gott, den Schöpfer der Welt,
und an Jesus Christus, den Erlöser alles Erschaffenen,
und an den Heiligen Geist,
durch den wir Gottes Gaben erkennen.
Wir bekennen, diese Gaben oft mißbraucht zu haben,
und bereuen unsere Schuld.
Wir bezeugen, daß die natürliche Welt
Gottes Schöpfungswerk ist.
Wir wollen sie schützen und verantwortungsvoll nutzen.
Wir nehmen dankbar die Möglichkeiten menschlicher Gemeinschaft an.
Wir setzen uns ein für das Recht jedes einzelnen auf sinnvolle Entfaltung in der Gesellschaft.
Wir stehen ein für das Recht und die Pflicht aller Menschen,
zum Wohl des einzelnen und der Gesellschaft beizutragen.
Wir stehen ein für die Überwindung von Ungerechtigkeit und Not.
Wir verpflichten uns zur Mitarbeit am weltweiten Frieden und treten ein für Recht und Gerechtigkeit unter den Nationen.
Wir sind bereit, mit den Benachteiligten unsere Lebensmöglichkeiten zu teilen.
Wir sehen darin eine Antwort auf Gottes Liebe.
Wir anerkennen Gottes Wort als Maßstab in allen

menschlichen Belangen jetzt und in der Zukunft.
Wir glauben an den gegenwärtigen und endgültigen Sieg Gottes.
Wir nehmen seinen Auftrag an, das Evangelium in unserer Welt zu leben. Amen.

»Ehe – und Kinder«

Zu diesem Thema haben wir eine kleine Umfrage gemacht. Wir stellten Passanten die Frage: *»Was bedeuten Ihnen Kinder?«* Hier einige Antworten:

»Es geht weiter ... und man arbeitet halt ... ist für sie da.«

»Es ist schön, Kinder zu haben, aber in der heutigen Zeit ist es besser, wenn man keine hat ... Denn es ist alles so ungewiß. Was haben denn die Kinder überhaupt?!«

»Habe selbst zwei Kinder und zwei Enkelkinder. Würde alles für sie tun.«

»Unseren Weiterbestand ... denn wenn wir keine Kinder hätten ..., wovon wollten denn die, die jetzt keine Kinder haben, später leben.«

»Ich hab' keine. Aber ich würde sagen: Lebenserfüllung.«

»Manchmal Streß, das fällt mir zuerst ein. Ich hätte es mir auch ganz anders vorgestellt. Ja, Kinder – sehr viel Spaß, Freude. Ich weiß jetzt wenigstens, was ich mit meiner Freizeit anfangen soll.«

»Eine Befriedigung auch für unser Volk. Sehen Sie mal, wie die Türken Kinder haben – und bei uns werden die Kinder abgetrieben.«

»Sehr viel, ich hab sie sehr lieb!«

»Alles ... mein Leben ... alles.«

»Ich hab selbst zwei. Es ist eigentlich das Größte, was es gibt.«

Kinder sind ein Segen Gottes

Fragen wir die Bibel nach der Bedeutung von Kindern, so bekommen wir zur Antwort: »Kinder sind ein Segen Gottes.« Segen Gottes wird im Alten Testament häufig als äußerer Wohlstand verstanden. Er ist etwas ganz Handgreifliches, Natürliches, Leibliches, ja Materielles, z. B.: Anteil haben an den Gütern Gottes. Dazu gehört die Fruchtbarkeit des Ackers, das Wachsen, Reifen und Gedeihen alles Lebendigen, also Vermehrung des Viehs, eine zahlreiche Nachkommenschaft und damit die Gewißheit über den Zukunftsaspekt des eigenen Lebens (1. Mose 1, 22.28; 9, 1; 17, 16; 22, 17; 24, 1.35 f.; 26, 12.24; Psalm 65, 11; 67, 7; 107, 38).

Der Segen Gottes wirkt darüber hinaus Gelingen des Lebens: Erfolg bei der Arbeit, Wohlergehen, Glück, Sich-geführt-Wissen, Frieden, d. h. Heilsein des Lebens, Sieg und Überlegenheit über die Feinde, Bewährung in der Anfechtung (1. Mose 24, 60; 32; 49, 22 ff.; Sprüche 10, 22; 11, 11; Psalm 29, 11; 85, 9 f.; Hiob 1, 6 ff.).

Im Neuen Testament (z. B. Epheser 1, 3) meint Segen, daß Gottes Wirklichkeit im Leben des Menschen zum Tragen kommt, und zwar umfassend in der Ganzheit der Person und in allen Bereichen ihres Lebens. »An Gottes Segen ist alles gelegen!« Alles, was lebt, lebt vom Segen Gottes. Gott ist der Schöpfer und Erhalter, der Ursprung allen Segens!

Gehen wir nochmals zurück zu den Aussagen des Alten Testaments. In 1. Mose 1, 28 lesen wir im Blick auf die Menschen, die Gott geschaffen hat: »Und Gott segnete sie und sprach zu ihnen: Seid fruchtbar und mehret euch und füllet die Erde ...« Segen ist hier also bezogen auf Fruchtbarkeit. Gott gibt dem Menschen Anteil an seinem Schöpfungswirken. Und dies gilt bis heute. Gott will also das Einswerden von Mann und Frau und stellt die Zeugung und Fortpflanzung des Menschen unter seinen besonderen Segen. Der Bereich, in dem dies geschieht, ist nach biblischem Verständnis die Ehe.

»Der Mensch tritt mitschaffend in den Willen des Schöpfers ein«, sagt Dietrich Bonhoeffer in seiner Ethik (S. 223). Und: »Das Kind ist nicht ein von außen zustoßender Zweck der Ehe, sondern gehört zu ihrem inneren Sinn, und zwar an erster Stelle«, meint Breitenstein. Die Zeugung und die Geburt von Kindern ist also »die Antwort des Lebens auf das Gesetz des Todes« – so Theodor Bovet. Das heißt: Die Existenz des Menschen wird nur erhalten durch die Kinder, die geboren werden. Und das ist die Absicht Gottes, wenn er segnet und spricht: »Seid fruchtbar und mehret euch.« Auch wenn die Fortpflanzung nicht der einzige Sinn der Geschlechtlichkeit ist, liegt im Alten Testament doch eine besondere Betonung darauf. Es geht um die Nachkommenschaft. Und Nachkommenschaft – Kinder – ist nach dem Willen Gottes – Segen. Gottes Wort, die Bibel, bekundet ein uneingeschränktes Ja zum Leben, was ganz selbstverständlich die Zeugung von Kindern beinhaltet.

Dieses »Ja zum Kind« schließt ebenso selbstverständlich verantwortliche Elternschaft und Geburtenregelung für Christen heute ein. Das gilt auch für die ganze Frage der Bevölkerungsexplosion. Gewiß spielt hier für uns der ganze soziale Bereich und damit auch der Aspekt unserer Zukunftssicherung eine entscheidende Rolle. Schon für die Menschen des Alten Testaments galten Kinder als Lebenssicherung im Alter. Denn Kinder schaffen den Eltern den Halt im Leben und den Schutz für das Alter, und sei es zunächst nur im äußeren Rahmen der Lebensmöglichkeit. Der Talmud bezeichnet z. B. »das Kind für die Mutter als den Stock, auf den sie sich im Alter stützt und den ihr die Ehe bieten soll« (Dr. Hansjörg Bräumer). Da das Kind Zweck und Ziel der körperlichen Verbindung für Eheleute ist, spielte die Frage der Empfängnisverhütung im Judentum keine Rolle. Gerade hier aber sind Christen heute besonders nach ihrer Verantwortung gefragt, die in vielfältiger Weise wahrgenommen werden muß und kann, damit allen Menschen eine gottgewollte Lebensqualität zukommt.

Kinder sind eine Gabe Gottes

Kinder sind ein Segen Gottes! Ein Psalmist spricht es so aus: »Siehe, Kinder sind eine Gabe des Herrn, und Leibesfrucht ist ein Geschenk« (Psalm 127, 3). Mann und Frau können Kinder erbitten, sie wollen und sich wünschen; sie können alles Menschenmögliche tun, daß es zu einer Zeugung kommt und neues Leben entsteht — und dennoch können sie Kinder nicht »machen«. Gott ist der Geber. Er vertraut Eltern Kinder als Leihgabe an. Sie gehören also nicht den Eltern, sondern Gott. Er ist es, der sie ins Leben ruft. Eltern sind Verantwortungsträger Gottes auf Erden, was die ihnen anvertrauten Kinder betrifft. So wird die Gabe zur Aufgabe. Denn Kinder stehen durch ihr Geboren-worden-Sein unter der Berufung, Gottes Kinder zu werden, nicht nur seine Geschöpfe zu sein.

Ich komme nochmals auf dieses zitierte Psalmwort zurück: »Kinder sind eine Gabe des Herrn, und Leibesfrucht ist ein Geschenk.« Daß neues, menschliches Leben entsteht, soll nach Gottes Willen auch in Zukunft nicht »machbar«, nicht von Menschen erzwingbar sein – auch nicht durch das Reagenzglas. Das wäre sonst ein fataler Eingriff in Gottes Schöpferwirken, der nicht ohne heillose Auswirkung bliebe. Freilich tut sich hier eine Spannung auf für Eheleute, die gerne Kinder hätten und denen sie bisher versagt geblieben sind. Denn menschliches Planen, der Wunsch nach einem Kind geht nicht immer in Erfüllung. Nicht wenige Eheleute bleiben kinderlos.

Das aber macht gerade deutlich, wie abhängig Mann und Frau in ihrem Wünschen, Planen und Wollen von Gott sind, von seinem Wirken, seinem Geben, seinem Schenken. Daß Unfruchtbarkeit Nöte für eine Ehe beinhalten kann, zeigen bereits biblische Beispiele:

Da ist Sara, Abrahams Frau (1. Mose 11, 30; 16). Da sie keine Kinder bekommt, wird die Verheißung an Abraham total in Frage gestellt. Ist ihm doch von Gott gesagt worden: »Ich will dich segnen ...« (1. Mose 12, 2) »... sieh gen Himmel und zähle die Sterne ... so zahlreich sollen deine Nachkommen sein« (1. Mose 15, 5). Die Geburt Isaaks ist daher ein wunder-bares (Gott zahlt Wunder bar aus!) Wirken Gottes.

Oder denken wir an Jakobs Frau Rahel, wie sie unter ihrer Kinderlosigkeit litt. Sie litt so, daß sie fast verzweifelte und Jakob in ihrem Schmerz bedrängte mit den Worten: »Schaffe mir Kinder, wenn nicht, so sterbe ich.« Jakob reagierte zornig auf diese Forderung: »Bin ich doch nicht Gott, der dir deines Leibes Frucht nicht geben will« (1. Mose 30, 1.2). Der spätere Hinweis: »Gott gedachte aber an Rahel und erhörte sie und machte sie fruchtbar« (1. Mose 30, 22 ff.) zeigt Gottes Souveränität in seiner Schöpfermacht. »Wenn er spricht, so geschieht es; wenn er gebietet, so steht es da« (Ps 33, 9). Das zeigt auch der neutestamentliche Bericht von Elisabeth und Zacharias (Lk 1, 7 ff.), denen dann doch ein Sohn geschenkt wird: Johannes der Täufer. Fruchtbarkeit und Kindersegen liegen nicht in der Machbarkeit des Menschen. Jedes Kind ist ein Gedanke Gottes, von ihm gewollt und geschaffen, ins Leben gerufen, ein Geschenk zum Aufnehmen und Annehmen.

Die Gabe wird zur Aufgabe
Annehmen und Aufnehmen

»Kinder sind eine Gabe des Herrn.« – Eine Gabe will in Empfang genommen werden. Kinder wollen angenommen sein. Das ist leider nicht immer der Fall. Wie oft sind sie unerwünscht, weil sie das Konzept der Eltern oder eines Elternteils durchkreuzen! In unserer immer noch überwiegend kinderfeindlichen Gesellschaft ist wenig Lebensraum für sie. Oft wird er ihnen schon von vornherein gar nicht zugestanden, indem man dem gezeugten Kind diesen Lebensraum durch Abtreibung verweigert. Die Auseinandersetzungen der Parteien im Bundestag und die Aktivitäten der verschiedenen Aktionsgruppen zeigen das ja sehr deutlich.

Eine andere Auseinandersetzung um das Aufgenommen- und Angenommenwerden beginnt aber auch bereits nach dem Geboren-worden-Sein des Kindes: Kein Mensch kann von sich aus sprechen – die Sprachfähigkeit entwickelt sich im Angesprochenwerden. Kein Mensch kann von sich aus lieben – die Liebesfähigkeit entwickelt sich im Geliebtwerden. Kein Mensch kann von sich aus vertrauen – die Vertrauensfähigkeit entwikkelt sich durch entgegengebrachtes Vertrauen. Hier ist also eheliches Miteinander ebenso gefragt wie die Beziehung der Eltern zum Kind. Denn das Miteinander der Eltern in der Ehe bleibt nicht ohne Folgen für die Entwicklung des Kindes, vor allem seiner Liebesfähigkeit. Sehr oft läßt sich nachweisen, daß eine gestörte Ehe auch die Entwicklung des Kindes stört. Wieviel seelische Verletzungen finden Kindern gegenüber statt, wenn dies nicht bedacht wird. Sie werden dann seelisch mißbraucht von beiden oder einem Elternteil. Auf vier Störfaktoren (nach Dr. Michiaki Horie) will ich in diesem Zusammenhang aufmerksam machen:

- Da ist *»die Verwöhnung«* im Sinne von Verzärtlichung. Ein Übermaß an Zuwendung, welche unfähig macht, Lasten zu tragen und Entscheidungen selbst zu treffen. Eine andere Form dieser Verzärtlichung ist »die zweckgebundene Verwöhnung«. Damit ist auch ein Übermaß an Zuwendung gemeint, doch verbunden mit Bedingungen: »Wenn du ..., dann ich ...«
- Ein anderer Störfaktor, der den Lebensraum des Kindes begrenzt und einengt, ist *»die zu hohe Erwartung«*. Das Kind wird durch Leistungsdruck erdrückt. Ständige Versagensangst macht es fix und fertig, unfähig zum gottgewollten Leben.
- Eine weitere Form des Mißbrauchs der Gabe Gottes, des Kindes, ist *»die Demütigung«*. Oft führt sie später zu einem Gefühl der Minderwertigkeit, das die Lebensqualität des Kindes auch als Erwachsener enorm einschränkt.
- Noch eine vierte Form des seelischen Mißbrauchs des Kindes sei genannt: *»die doppeldeutige Beziehung«*. Die Kommunikation zwischen Eltern und Kind ist gestört, Sprache und Verhalten der Eltern sind gegenläufig und nicht eindeutig. Das Kind weiß aufgrund

dessen nicht, wie es sich verhalten soll. Es ist hin- und hergerissen und wird daher innerlich zerrissen.

Neben diesen seelischen Verletzungen gibt es die vielen körperlichen Mißhandlungen. Zigtausend Kinder werden jährlich in der Bundesrepublik durch Gewalt mißbraucht. Dabei ist die Dunkelziffer gar nicht berücksichtigt. Hier wird eine ganze Nation schuldig an Gott (Ps 51, 6).

Gott will, daß Kinder als eine Gabe aufgenommen, angenommen und geliebt werden. Jesus selbst unterstreicht die Würde des Kindes in eindrücklicher Weise: »Und er nahm ein Kind, stellte es mitten unter sie und herzte es und sprach zu ihnen: Wer ein solches Kind in meinem Namen aufnimmt, der nimmt mich auf« (Mk 9, 36 ff.). Zugleich verbindet er damit die Warnung: »Wer einen dieser Kleinen, die an mich glauben, zum Abfall verführt, für den wäre es besser, daß ihm ein Mühlstein an den Hals gehängt und er ins Meer geworfen würde« (Mk 9, 42). Aus solchem Wissen heraus kann Eltern, die z. B. ein behindertes, krankes Kind haben, seelsorgerliche Hilfe zuteil werden, auch dieses Kind anzunehmen und es als Gabe Gottes liebzuhaben. Das gilt auch für das ungewollte Kind: auch es ist eine von Gott gewollte Gabe. Das behält seine Gültigkeit auch bei all den unbeantworteten Fragen, die damit verbunden sein können. Über solchem Wissen kann das Herz immer wieder Ruhe und Frieden finden und so die Fähigkeit zum Aufnehmen, Annehmen und Lieben bekommen.

Loslassen

Ich sprach vom Aufnehmen, Annehmen und Lieben des Kindes als Gabe, als Geschenk Gottes an die Eltern. Aus dieser Gabe resultiert auch die Aufgabe, das Kind loszulassen. In dem Augenblick, wo Eltern ein Kind geschenkt wird, entsteht eine Familie. Aus Mann und Frau werden Vater und Mutter. Mann und Frau sind »ein Fleisch« (1. Mose 2, 24; Mt 19, 5), so sagt es die Bibel. Das sagt sie von der Beziehung zwischen Eltern und Kindern nicht. Zwar war das Kind bis zu seiner Geburt Teil des mütterlichen Leibes, doch durch die Geburt wird es zur selbständigen Person mit eigenständiger Würde. Es gehört nicht mehr den Eltern; es ist abgenabelt; es ist jetzt Gabe und Aufgabe. Aufgabe in doppeltem Sinne von Verantwortung und Loslassen. Das Loslassen von seiten der Eltern und das Verlassen von seiten des Kindes ist fortan lebenslange Aufgabe. Und diese Aufgabe vollzieht sich nicht konfliktfrei.

Wenn also eines Tages Eltern feststellen, daß sie bei ihren Kindern mit ihren bisher angewandten Erziehungsmethoden nichts mehr erreichen, ist es nicht angebracht zu resignieren oder enttäuscht zu sein, auch nicht aggressiv oder depressiv zu werden. Besser und richtig ist dann, sich in diesen Ablösungsprozeß verantwortlich einzubringen, das verständnisvolle Gespräch zu suchen. Verständnis haben heißt hier nicht, alles gutheißen, was sich nun vollzieht, aber doch einsehen lernen, daß es notwendig ist. Solch ein Prozeß ist für beide Teile – für Eltern und Kind – oft schmerzhaft. Da beginnt die Zeit, in der man mehr mit Gott über seine Kinder spricht als mit den Kindern über Gott. Es ist eine Zeit, in der man weder mit guten Worten noch mit harten Strafen, weder mit Zu- noch mit Ab- oder Ausreden weiterkommt. Das Kind bleibt oft allen Vorstellungen und Vorhaltungen, allen gutgemeinten Ratschlägen gegenüber taub und unzugänglich. Es ist von seinen Wegen nicht abzubringen.

Zur Reifung der gottgewollten Persönlichkeit des Kindes gehören eigene Erfahrungen, die notwendig sind. Der eigene Wille zeigt sich im Widerstand. So entsteht Reibung. Es bedarf nun des Loslassens durch die Eltern in einen weiten Raum als Übungsfeld für die Kinder, wo auch Fehler gemacht werden dürfen, und das Kind trotzdem angenommen und geliebt von den Eltern bleibt, auch wenn es eigene Wege geht.

Hier ist es wesentlich, daß Eltern in die Seelsorge Jesu gehen, daß sie von seinem Wort und Geist lernen. Eindrücklich hilfreich ist Jesu Erzählung vom »verlorenen Sohn« (Lk 15) oder sollten wir besser sagen: vom »wiedergefundenen Sohn«? Der Vater läßt ihn von zu Hause wegziehen, ja er gibt ihm sogar das ihm noch nicht zustehende Erbe. Er läßt ihn sich loslösen, und zugleich liebt er ihn heim. Loslassen ist schmerzhaft und zugleich heilsam. Wenn Eltern hier bewußt umlernen, können sie vom Erzieher und Vormund zum Berater und Helfer, zum verständnisvollen Freund ihrer Kinder werden. Kinder sollten wissen und erleben: Meine Eltern haben mich angenommen und zeigen ihre Liebe darin, daß sie mich loslassen. In einer neuen Einstellung kann ich wieder in eine neue Beziehung zu ihnen treten, und statt Rebellion kann Respekt vor ihnen heranreifen.

Ich lerne, sie zu ehren

Damit dieser Prozeß – denn darum geht es lebenslang – sich vollziehen kann, ist es für Eltern notwendig, weitere Faktoren neben den bereits genannten zu beachten, so z. B.: nicht ihre eigenen unverwirklichten Wünsche, nicht in Erfüllung gegangenen Pläne in ihre Kinder hineinprojizieren; daß sie nicht meinen (bewußt oder unbewußt), ihr eigenes Leben in ihren Kindern weiterleben zu können; daß sie nicht enttäuscht sind, wenn die Kinder ihre Wege gehen und sich anders entscheiden, als die Eltern es wünschen und erwarten.

Wenn Kinder zum entscheidenden Lebensinhalt von Eltern werden, werden sie überfordert, und auch die Ehe gerät nicht selten dadurch in Gefahr. Denn es ist Gottes Wille, daß der Ehepartner immer an der ersten Stelle steht in der Ehe und nicht das Kind. Schon auf den ersten Seiten der Bibel, im Schöpfungsbericht (1. Mose 2,24), wird uns dieses göttliche Prinzip mitgeteilt: Ein Mann verläßt Vater und Mutter, um mit einer Frau eine neue, gottgewollte Beziehung einzugehen. Wo dies nicht geschieht, daß Mann und Frau sich wirklich von den Eltern lösen, können sie keine neue Beziehung aufbauen, die lebensfähig und tragbar ist. Loslassen des Kindes durch die Eltern im Verlassen der Eltern durch das Kind ist grundsätzliche Voraussetzung, um selbst fähig zu werden, eigene Persönlichkeit vor Gott und mit dem Ehepartner zu »einem neuen Leib« zu werden, ja auch wiederum den eigenen Kindern, sofern sie einem geschenkt werden, den Lebensraum zu ihrer gesunden Entwicklung einzuräumen.

Die Familie innerhalb der Familie Gottes

Zum Schluß noch ein hilfreicher biblischer Hinweis, der uns befähigen will, immer mehr die richtigen Prioritäten in der Beziehung Eltern – Kinder zu setzen. Er gilt für Eltern und Kinder gleichermaßen! Jesus selbst gibt der Familie einen Stellenwert, der beachtet sein will, wenn Ehe und Familie gottgewollt gelebt werden wollen. Jesus ruft Menschen aus familiären Beziehungen in seine Nachfolge (Mk 10, 29). Damit hat nicht mehr die Familie Priorität, sondern die Beziehung zu ihm. Er nennt die seine Mutter, seine Brüder, seine Schwestern, die den Willen seines Vaters im Himmel tun (Mk 3, 35). Zugleich unterstreicht er die Gültigkeit des Gebotes: »Du sollst deinen Vater und deine Mutter ehren« (Mk 7, 10). Damit wird uns gesagt, daß die natürliche Familie ihren Lebensraum im Bereich der großen Familie Gottes hat, zu der alle gehören, die sich im Vertrauen Jesus anschließen und nach seinen Anweisungen ihr Leben gestalten. Das ist dann sinnvolles und letztlich reiches Leben, weil Kinder dann angenommen und losgelassen werden, wie Gott es will, Gabe und Aufgabe im Reich Gottes sind!

»Kinder sind eine Gabe des Herrn« (Ps 127, 3)

Unsere Kinder

Name geborene am in

Unsere Enkelkinder

Name geboren am in

Unsere Urenkel

Überwindung von Sprachlosigkeit in der Ehe

Alle sieben Minuten wird in Deutschland eine Ehe geschieden, so nachzulesen in neuesten Statistiken. Andere sprechen von allen sechs Minuten. Immer mehr Ehen – auch von Christen (das ist unsere Erfahrung in der Seelsorgeabteilung) – kommen nach zwanzig und mehr Jahren in die Krise. Nicht selten steht einer der Partner fassungslos vor einem scheinbar überraschenden Wendepunkt in seiner Ehe und fragt sich, wie die Dinge sich so schnell zum Schlechten entwickeln konnten. Doch Beziehungen scheitern nicht aus heiterem Himmel. Das ist selten das Ergebnis einer kurzfristigen Erschütterung – sozusagen von heute auf morgen entstanden –, sondern meist die Folge einer länger anhaltenden Entwicklung. Fast immer gibt es Warnsignale, die die Partner erkennen könnten, wenn sie darauf achten würden. Doch viele sind zu beschäftigt, um Nebensächlichkeiten zu bemerken, bis sie – offenbar über Nacht – zu großen Problemen werden.

Die folgenden drei Bereiche haben sich als häufige Gefahrenquelle erwiesen:
– Mangelnde Kommunikation,
– Keine Zeit füreinander,
– Eintönigkeit.

Sie hat sich über die Jahre stark den Kindern zugewandt und darüber ihn vernachlässigt. (Auch das andere gibt es: Er hat sich total dem Aufbau seines Berufes zugewandt und darüber sie vernachlässigt.) Man war nicht mehr – wie das biblisch ist – in erster Linie füreinander da. Sie hat ihn mit seinen Fragen, Problemen, ja mit seinem Leben mehr oder weniger allein gelassen. Als er sich daraufhin zurückzog und auch über seine beruflichen Nöte und Erfolge nicht mehr sprach, trat eine merkliche Abkühlung ihrer gegenseitigen Zuwendung ein. Hatte man bisher schon kaum noch etwas gemeinsam unternommen, so jetzt gar nichts mehr. Sie reagierte auf sein Sich-Zurückziehen, indem sie sich ihm im geschlechtlichen Bereich entzog. Er quittierte dies mit eiskaltem Schweigen, sie wiederum mit vermehrtem Besuch von Gemeindeveranstaltungen, was ihn ärgerte, da sie nun noch weniger Zeit für ihn hatte. –

Wir wollen nun einmal auf die Zusammenhänge achten. Zuerst unser Stichwort: **Mangelnde Kommunikation**

– Sie hatten nie richtig gelernt bzw. wieder verlernt, offen über das miteinander zu sprechen, was sie bewegte.
– Weil sie sich nicht gegenseitig verständlich machten, konnten sie einander nicht verstehen.
– Statt sich diesem Lernprozeß zu unterziehen, kehrten sie die Probleme unter den Teppich und stolperten permanent darüber.
– Damit waren die Probleme aber nicht bewältigt, man reifte nicht an ihnen,
– das Gegenteil trat ein: Die verdrängten Wünsche, die

unbeantworteten Fragen, die unbearbeiteten Probleme begannen das eigene Denken, Reden, Fühlen, Empfinden und Handeln negativ zu beeinflussen.

Eine gestörte Kommunikation zieht meistens alle Bereiche des Lebens in Mit-leiden-schaft, besonders auch das Sexualleben, das eine gute Gabe Gottes ist. Eine Beziehung wächst und reift durch das Gespräch, wobei das Sexualleben eine intime Form des Gesprächs ist, – nicht umgekehrt (sonst sind die Prioritäten vertauscht). Über diese Zusammenhänge gilt es zunächst einmal ganz persönlich nachzudenken mit den selbstkritischen Fragen: Was davon trifft auf mich zu? Wo verhalten wir uns beide falsch? Was kann ich, was können wir tun, um positive Veränderungen herbeizuführen?

Wo man nicht mehr miteinander redet und nicht mehr aufeinander hört, – grundsätzlich und im Besonderen in der Ehe –, hört das gegenseitige Verständnis auf. Mißverständnisse stellen sich ein. Die Beziehung ist nicht mehr ein Miteinander und Füreinander, sondern ein Nebeneinander und Gegeneinander hat begonnen, das nicht selten dann im Auseinander-Gehen endet.

Es ist gut zu wissen, daß es im Bereich der Kommunikation zwischen Mann und Frau einen psychologischen Unterschied gibt: Ein Mann redet am liebsten, wenn ihm alles klar ist, eine Frau redet am liebsten, wenn sie Klarheit braucht. Durchs Reden kommt sie zur Klarheit. Das gilt es zu respektieren. Auch hier – wie in vielen anderen Lebensbereichen – sind wir einander als Mann und Frau zur gegenseitigen Ergänzung gegeben. Wenn Vertrauen und Liebe zueinander da sind, wird ein Mann seine Frau an den unausgegorenen Gedanken seines Herzens teilhaben lassen und sie wird Anteil nehmen.

Die unschöne Formulierung: »Ein Mann – ein Wort; eine Frau – ein Wörterbuch« entstand sicher von daher, daß der Frau nicht der Freiraum zum Gespräch, zum Gedankenaustausch eingeräumt wurde. Wenn sich vieles angestaut hat, sprudelt es heraus – aber häufig dann nicht an die richtige Adresse oder es wirkt verletzend. Achten wir darauf, in gegenseitiger Verantwortung: »Wer nicht spricht – zerbricht!«

Viele Ehepartner, um das zu wiederholen, müssen es wieder neu oder überhaupt erst lernen, miteinander zu sprechen, aufeinander zu hören, sich ihre Bedürfnisse und Wünsche mitzuteilen – ehrlich und offen, nicht brutal und lieblos –, sich zu sagen, was sie denken, was sie empfinden, wie sie sich ihr gemeinsames Leben vorstellen. Und zwar müssen es beide lernen; der eine vielleicht mehr das Reden, der andere das wirkliche Zuhören.

Jeder hat ja Gründe, warum er so ist, wie er ist. Solange ich sie nicht kenne, ist es schwer, einander recht zu verstehen und differenziert zu agieren und zu reagieren. Aber:

Woher soll der Partner wissen, was mich bewegt, wenn ich es ihm nicht mitteile? Es gibt Wünsche, die der andere einfach nicht wissen kann, wenn sie ihm nicht gesagt werden. Gerade im engsten Miteinander einer Ehe ist das so wesentlich. So z. B. auf dem Gebiet der Sexualität. Viele sexuellen Probleme hat man sich selbst zuzuschreiben, weil man nicht ehrlich über seine Gefühle und Wünsche spricht. Dadurch wird das gesamte Miteinander belastet. Die notwendige seelische Wärme erkaltet.

Woher soll der Partner wissen, was mich an ihm aufregt, wenn ich es ihm nicht sage? Es gibt einfach Dinge, die mich am anderen ärgern. Man spricht nicht darüber und meint dazu dann noch, es wäre ein Ausdruck von besonderer Liebe. Nein, das ist nicht Liebe! Das ist eine lieblose Überforderung des anderen. Denn im geheimen erwartet man, daß er sich doch ändern möge, daß er nicht mehr so unordentlich ist, bestimmte Verhaltensweisen ablegt, anders reagiert, anders redet. Hier leidet die Aufrichtigkeit. Denn wenn man das nicht zum Ausdruck bringt, bestätigt man den anderen ja nur in seinem verkehrten Verhalten, das Spannungen ins Miteinander bringt. Man nimmt ihm die Chance, sich zu ändern.

Woher soll der Partner wissen, was mich an ihm besonders erfreut, mich so von ganzem Herzen dankbar und froh macht, daß wir zusammengehören, wenn ich es ihm nicht sage? Und wie gut tut es dem anderen, wenn wir das über die Lippen bringen: ›Ich brauche dich; ich liebe dich; wie bist du so gut zu mir; was hast du mir für eine große Freude gemacht; wie reich bin ich durch dich; wie gut, daß ich dich gefunden habe.‹

Folgende Geschichte macht dies überdeutlich: Eine Farmersfrau hatte einen robusten, wortkargen Mann, dem es nicht lag, Gefühle zu zeigen. Die Frau, von jeher anfällig, hatte einen Blinddarmdurchbruch erlitten und war in aller Eile ins Krankenhaus gebracht worden, wo sie nun trotz geglückter Operation und wiederholten Blutübertragungen immer schwächer wurde. Um ihren Lebenswillen anzuspornen, sagte der Arzt eines Tages lächelnd zu ihr: »Ich dachte, Sie wollten gerne so stark werden wie ihr Mann.« – »Mein Mann, der ist so stark«, versetzte sie, »daß er niemand braucht.« An dem Abend sagte der Arzt dem Mann, er glaube, daß seine Frau nicht den rechten Willen habe, gesund zu werden. »Sie muß gesund werden«, erwiderte er. »Wäre noch eine weitere Blutübertragung gut?« Es wurde festgestellt, daß der Farmer die gleiche Blutgruppe hatte wie seine Frau, und der Arzt bereitete alles vor für eine direkte Blutübertragung. Während der Mann dalag und sein Blut in die Adern seiner Frau strömte, sagte er: »Ich mach dich jetzt gesund!« – »Warum?« fragte sie mit geschlossenen Augen. »Weil ich dich brauche«, erwiderte er einfach. Einen Augenblick war es still, dann wurde ihr Puls schneller, sie schlug die Augen auf und wandte ihm langsam den Kopf zu. »Das hast du mir noch nie gesagt!«

In einem Bericht über diesen Fall schrieb der Arzt später: »Es war nicht die Transfusion an sich, die hier das Leben über den Tod siegen ließ. Es war etwas anderes. Das, was sie mit sich brachte.« –

Vielleicht wenden Sie ein: ›Aber ich komme nicht in Situationen, wo es um Leben oder Tod geht. Ich bin ein ganz gewöhnlicher Durchschnittsmensch, der seiner täglichen Arbeit nachgeht und tut, was getan werden muß. Auf mich trifft das nicht zu.‹

Die Wahrheit ist: Es trifft auf jeden zu. Denn uns allen kann es geschehen, daß wir plötzlich vor einem unabänderlichen »Zu spät« stehen, wenn wir etwas, was wir hätten längst aussprechen wollen, immer wieder verschieben. Augustin hat einmal gesagt: »Gott hat dem Reuigen Vergebung zugestanden, aber dem Zauderer kein Morgen.« Der Tod ist nicht die einzige Sackgasse, in die wir mit diesem »Morgen, morgen, nur nicht heute« geraten können. Ebenso groß ist die Gefahr, daß wir jeden Tag neu etwas aufs Abstellgleis schieben, indem wir einfach das notwendige Wort nicht sprechen – ein Lob, eine Anerkennung, die Bitte um Vergebung unausgesprochen lassen.

Zum Miteinander-Reden gehört die Aufrichtigkeit. Wie wunderbar befreiend ist es, wenn ich Ich sein kann! Meinem Ehepartner brauche ich nichts vorzumachen. Aber auch das will gelernt sein: Gerade in der Ehe schmelzen zwei Menschen zu einem »Wir« zusammen, ohne die von Gott gewollte und gegebene Persönlichkeit zu verlieren. Was sich zunächst so paradox anhört, ist doch kein Widerspruch. Das Wir in einer Ehe hebt nicht die eigene Persönlichkeit auf und damit die eigene Verantwortung, sondern es aktiviert sie erst recht. Es besteht die einzigartige Chance, im Wir meinen Ehepartner erst richtig kennenzulernen. Indem ich ihn erst einmal annehme und liebe, wie er ist, bekomme ich Zugang zu ihm. Ich lerne, Neues an ihm zu entdecken. Man lernt, in Liebe einander die Wahrheit zu sagen und hört auf, zu heucheln und zu lügen. *Unter der Anleitung des Heiligen Geistes lerne ich den anderen anzunehmen, wie ich mich von Christus angenommen weiß.* Ich muß ihn nicht mit Anstrengung in mein Bild umgestalten. Weil ich weiß, daß Jesus mich liebt, wie ich bin, und mich annimmt, wie ich bin, lerne ich meinen Ehepartner anzunehmen und zu lieben, wie er ist. Die Liebe ist die Macht, die mich und den andern verändert (1. Petr 3, 1-9; Eph 5, 22-33; 1. Kor 13).

Zum rechten Miteinander-Sprechen in der Ehe gehört *Vergebung austeilen und Vergebung annehmen.* Ein ganz wichtiger Satz in der Ehe lautet deshalb: »Es tut mir leid!« Veränderung hängt immer mit gegenseitigem Vergeben-Können zusammen. In diesem Zusammenhang ist das bewußte Beten der Stelle aus dem Vaterunser »Vergib uns unsere Schuld, wie auch wir vergeben unsern Schuldigern« besonders wichtig. Diese Bitte stellt uns auf den Boden der Realität, denn wir leben aus der Vergebung Gottes. Sie läßt uns aufatmen. Wenn wir um Vergebung bitten, adelt uns Gott, indem er uns ihm ähnlich macht und uns befähigt, wie er Vergebung weiterzugeben – dem, der an uns schuldig geworden ist. Vergebung reinigt die Beziehungen zueinander und nimmt die Blockierungen weg, so daß neues Leben fließen kann. »Liebende leben von der Vergebung.« Liebende führen keine Strichlisten, mit denen sie sich gegenseitig aufrechnen, wo der eine am anderen schuldig geworden ist. Sie praktizieren das »Wie du mir – so ich dir« zwar auch, doch unter anderem Vorzeichen: »Wie du – Jesus – mir, so ich dir, meinem Ehepartner.«

Wenn Ehepaare miteinander Gebetsgemeinschaft haben, erfahren sie eine ganz besonders enge Verbundenheit. Man steht gleichwertig vor Gott, denn beide leben davon, daß er sich ihnen jeden Morgen neu in seiner großen Gnade und Barmherzigkeit zuwendet. Wie uns denn Barmherzigkeit widerfahren ist, so laßt uns Barmherzigkeit aneinander üben. Und das gilt es zu praktizieren. Barmherzigkeit läßt aufatmen, uns selbst und den andern. Von Gott empfangene Vergebung macht es leichter, selbst vergeben zu können.

Stichwort: **Keine Zeit füreinander**

Wo jeder nur seine eigenen Interessen wahrnimmt und nicht auch besorgt ist um die des anderen, besteht die große Gefahr,

– sich auseinanderzuleben,
– einsam und frustriert,
– untreu zu werden.

Oft geht es dabei nicht in erster Linie um Sex, sondern um

- die Sehnsucht nach Zuwendung,
- nach Sinnerfüllung der Leere.

Wo die Kommunikation auf Sex reduziert worden ist, kommen sich die meisten Ehepartner einsam und verlassen vor. Es ist niemand da, dem man sich mit seinen wichtigen und unwichtigen Gedanken mitteilen kann. Ehe ist mehr. Ehe ist Lebensgemeinschaft, Gesprächsgemeinschaft, Liebesgemeinschaft. Sie ist Vertrauensgemeinschaft, Erzählgemeinschaft, Dienstgemeinschaft, Freundengemeinschaft, Leidensgemeinschaft, Gefühlsgemeinschaft. Sie ist auch Ökonomiegemeinschaft, Erziehungsgemeinschaft, Interessengemeinschaft. Also: geistige, seelische, geistliche, körperliche Gemeinschaft.

Wo, in welchen der angesprochenen Bereiche haben Sie in Ihrer Ehe Gemeinschaft miteinander? Oder, einmal überspitzt formuliert: Ist Ihre Gemeinschaft nur noch verkürzt auf eine Waschmaschinen- und Problemgemeinschaft?

Man braucht Zeit zum Miteinander und Füreinander, zum Leben und Lieben. Viele Ehepaare, überhaupt viele Menschen gehen durchs Leben, ohne in der einfachen Tatsache, daß sie leben, irgendeine Befriedigung zu finden. Da uns aber keine andere Zeit vergönnt ist als diese Spanne unseres Lebens, sollten wir aus ihr möglichst das Beste machen. Das tun wenige. Sie leben, als sei das Miteinander in der Ehe nur ein Probelauf. Doch gelebte Zeit kehrt nicht wieder.

Also gilt es innezuhalten und sich klar zu werden über seine Ziele, seine Motive und deren Inhalte. Das geht aber nicht so nebenbei. Wer das meint, kommt früher oder später in eine Identitätskrise. Besser ist, sich Zeit zu nehmen für sich und miteinander darüber nachzudenken, wie es weitergehen soll. Dabei gilt die Aussage: »Ich habe keine Zeit!« nur vordergründig. Die Frage ist doch vielmehr: Was kommt in meinem Leben an der ersten Stelle? Es geht um die Wertmaßstäbe, um die Priorität. Was ist wesentlich für mein Leben?

Folgende Fragen können helfen, Prioritäten zu setzen, und damit zu einer konkreten Entscheidungshilfe werden:

– Welches Defizit empfinde ich am meisten in unserer Ehe?
– Wodurch ist es entstanden?
– Wie kann ich es, wie können wir es verändern?
– Wo muß ich daher einen anderen Schwerpunkt setzen?
– Was sollte ich um eines Größeren willen aufgeben?
– Wann freue ich mich wirklich, daß ich lebe?
– Geht es dabei nur um eigennützige Dinge?
– Was bedaure ich, in der letzten Zeit versäumt zu haben?
– Wie würde ich leben, wenn ich wüßte, daß ich in sechs Monaten sterben muß?

Wenn Sie so Ihren innersten Wertmaßstäben und Bedürfnissen auf die Spur kommen, können Sie darangehen – in Verantwortung vor Gott, vor Ihnen selbst und vor Ihrem Ehepartner –, Ihrem Leben neue Inhalte, neue Werte, neue Schwerpunkte zu geben, so daß Ihnen mehr Zufriedenheit zuteil wird und die Enttäuschungen sich verringern. Doch dies geht nicht, ohne daß Sie sich genügend Zeit nehmen. Denn für das, was einem zum Wichtigsten wird, hat man immer Zeit. Und das sollte neben Gott der Ehepartner sein.

Damit es nicht nur bei guten Vorsätzen bleibt, üben Sie das Ganze zusammen mit Ihrem Ehepartner in kleinen, überschaubaren Schritten.

Beginnen Sie doch damit, sich einen Abend in der Woche zum Gedankenaustausch zu reservieren. Üben Sie Abstinenz vom Fernsehen. Geben Sie einander Anteil am Erleben des Tages, an Siegen und Niederlagen, an Freud und Leid. Und schließen Sie den Tag ab mit einem gemeinsamen Gebet.

Eine andere Möglichkeit: Reservieren Sie sich bewußt ein Wochenende zu zweit, wodurch das Bewußtsein gestärkt wird: Wir gehören uns in dieser Zeit ganz allein, haben Zeit füreinander, uns mitzuteilen, zuzuwenden, zuzuhören, besser zu verstehen.

Noch eine dritte Möglichkeit könnte bereits angedacht werden: Planen Sie einen Urlaub miteinander, wo Sie einmal den Interessen des anderen Vorrang geben mit dem Ziel, ihn ganz neu zu entdecken und zu verstehen und liebzugewinnen.

Wie bereits gesagt: All das geht nicht ohne bewußte Planung und den Willen, Zeit dafür zu erübrigen. Nochmals auf einen kurzen Nenner gebracht:
– Zeit haben
– Füreinander da sein
– Sich mit-teilen
– Füreinander aufgehen
– Aufeinander eingehen

Damit sind wir bereits bei unserem dritten Stichwort: **Eintönigkeit**

Nicht selten wird sie unterschätzt. Man meint,
– man sei einander sicher,
– brauche nicht mehr umeinander zu werben,

– für Neues zu sorgen,
– Abwechslung zu suchen,
– Tapetenwechsel anzustreben,
– neue Interessen zu wecken,
– weiterhin einander zu entdecken,
– lieb zueinander zu sein.

Wo dies unterbleibt, wird eine Ehe langweilig, und das kann für sie tödlich sein. Liebende, die sich ihre Liebe nicht immer wieder mitteilen – auch verbal –, werden einander fremd. Ulrich Beer sagte einmal: »Ehe ist eine Brücke, an der jeden Tag gebaut werden muß, am besten auf beiden Seiten.«

Deshalb ist es gut, über folgende Hilfen noch weiter nachzudenken:
– wieder-holen statt sein lassen,
– aufstehen statt aufstecken,
– Abwechslung statt Eintönigkeit,
– neu anfangen statt aufgeben.

Denn Gott hört nie auf, mit uns anzufangen; deshalb wollen auch wir nie anfangen aufzuhören! Die Liebe Gottes, die ausgegossen ist in unser Herz, wird uns dabei helfen. Liebe ist ein Balanceakt zwischen Schenken und Nehmen, zwischen Hingabe und Selbstbehauptung. Wenn eins von beiden ausfällt, kommt die Liebe aus dem Gleichgewicht. Darum will sie geübt sein! In diesem Üben wird die Sprachlosigkeit in der Ehe überwunden.

Besondere Tage der Freude in unserer Ehe

Tage der Traurigkeit in unserer Ehe

Positiv streiten lernen

Zufriedenheit in der Ehe

Untersuchungen haben ergeben, daß Zufriedenheit in der Ehe von folgenden Kriterien abhängt:

* die Erwartungen werden bis zu einem gewissen Grad erfüllt;
* die Konflikte werden angesprochen und können auch – mit gesunden Kompromissen – gelöst werden;
* der Kommunikationsstil ist durch folgende Eigenschaften gekennzeichnet:
  Man redet viel miteinander.
  Man macht sich verständlich, um verstanden zu werden.
  Man läßt den andern wissen, daß er verstanden wurde.
  Man hört richtig zu, um recht zu hören.
  Man teilt sich mit, um teilzuhaben.
  Man ist taktvoll und feinfühlig, um nicht zu verletzen.
  Man pflegt auch die nonverbale Kommunikation, die Gemeinschaft ohne Worte, um einander wohlzutun.
  Man spricht in einer eigenen Sprache, mit eigenen Sprachelementen miteinander, um damit die Wertschätzung des anderen auszudrücken.

Die beste Voraussetzung für eine gute Beziehung ist die Gemeinschaft, die trotzdem Raum läßt für eine individuelle Entwicklung, wo dem »Ich im Wir« Freiraum zugestanden wird. Diese Haltung basiert auf

* Vertrauen
* Liebe – »Liebe deinen Nächsten wie dich selbst« (Mt 19,19).
* Annahme
* Rücksicht – »Alles nun, was ihr wollt, daß euch die Leute tun sollen, das tut ihnen auch« (Mt 7,12).
* Vergebung – »Vergebt einer dem anderen« (Eph 4,32).
* Füreinander – »Einer trage des andern Last, so werdet ihr das Gesetz Christi erfüllen« (Gal 6,2).

Krisenauffälligkeit der Ehe

Problematisch im Miteinander einer Ehe wird es immer dann, wenn man

* total aufeinander fixiert ist,
* isoliert nebeneinander lebt,
* sich nicht mit-teilt,
* sich gegenseitig mit Regeln einengt.

Krisen entstehen in einer Ehe auch dann,

* wenn die Erwartungen an den Partner so hoch sind, daß dieser sie nicht erfüllen kann;
* wenn man meint, seine eigenen Probleme mit einer Ehe lösen zu können (man nimmt sich ja selbst mit!);
* wenn die Bedürfnisse eines Partners nur mangelhaft befriedigt werden.

Solche Mißverständnisse und falsche Erwartungen werden geklärt, indem man sich zusammensetzt, um sich auseinanderzusetzen und miteinander positiv streiten-lernt. Als Voraussetzung dafür muß man sich bewußt machen, was bisher ein verständnisvolles Miteinander-

Reden und Aufeinander-Hören verhindert hat, so daß es immer wieder zur Eskalation kommt, zur Zuspitzung von Emotionen und Worten, wobei natürlich vor allem seelische Verletzungen nicht ausbleiben.

So nicht!

Merkmale einer nicht angemessenen Auseinandersetzung:

* Anklage des Partners,
* Entwertung der Aussagen des Partners,
* Nicht-Eingehen auf seine Äußerungen,
* Aussagen, die den anderen mundtot machen,
* Rechtfertigungen,
* Demütigungen,
* Selbstvorwürfe,
* Ironie,
* Selbstgerechtigkeit.

Ein solcher Streitablauf läßt verschiedene Standpunkte erkennen:

* Man vermittelt einander nicht das Gefühl, sich verstehen zu wollen.
* Man hat nie gelernt oder wieder verlernt, Lob, Dank, Anerkennung, Wertschätzung wohlwollend zu formulieren.
* Man kann nicht mit Gefühlen wie Wut, Ärger, Enttäuschung, Frust angemessen umgehen.
* Man bleibt in Beschimpfungen und Beleidigungen, Schuldzuweisungen bzw. eiskaltem Schweigen stecken.
* Man verschließt sich in sich selbst, da man so wenig wie möglich von sich selbst preisgeben will, um nicht verletzbar zu sein.

* Man geht nach dem Motto vor: Angriff ist die beste Verteidigung und beschimpft den anderen, um sich selbst zu entschuldigen.
* Man hört gar nicht richtig zu, sondern beim Zuhören formuliert man schon Einwände und Gegenargumente.
* Man läßt sich nicht wirklich hinterfragen mit seinem Standpunkt, um womöglich sich ja nicht ändern zu müssen. Das käme für viele ja einer Niederlage gleich.

All diese Verhaltensweisen tragen keineswegs zu einer befriedigenden Konfliktbewältigung bei. Deshalb ist es notwendig, positiv streiten zu lernen, was die Bereitschaft in sich schließt, neues Denken, Sprechen und Verhalten bewußt und willentlich in kleinen konkreten Schritten einzuüben.

Positiv streiten

Gesprächsvorbereitung

* Ich mache mir bewußt: Mein Gesprächspartner ist wie ich eine von Gott geliebte Persönlichkeit.
* Ich will meine Gedanken unter die Zucht des heiligen Geistes stellen.
* Ich erbitte von Gott Weisheit, zur rechten Zeit zu reden, im richtigen Augenblick zu schweigen und richtig zuzuhören.
* Ich will mehr Wert legen auf meine Liebe zu Jesus und die Gemeinschaft mit meinem Partner als auf das Recht-haben-Müssen.
* Ich investiere vorweg Vertrauen in meinen Gesprächspartner.

* Ich halte Person und Sache auseinander, d. h. ich rede sachbezogen und nicht personenbezogen.

Gesprächsverhalten:

* Es ist mir bewußt: Ich sage meine subjektive Meinung, die von meiner Erziehung, meinem Umfeld, meinem Wissen, meiner Erfahrung geprägt ist. Ich teile also meine eigenen Gedanken und Gefühle mit.
* Ich ziehe keine fremden Autoritäten heran, indem ich mich weder hinter einem allgemeinen »man« noch einem rückenstärkenden »wir« verstecke.
* Ich spreche meine Überzeugung nicht auf Verdacht hin aus, sondern nur, wenn ich sie begründen kann.
* Ich rechne keine alten Geschichten und Fehler der Vergangenheit auf, führe also keine Strichliste.
* Ich spreche konkretes Verhalten in konkreten Lebenslagen an. Statt zu lamentieren: »Kannst du denn nicht ordentlicher sein!«, sage ich: »Wenn du das Handtuch benutzt hast, hänge es bitte wieder auf.«
* Ich bleibe bei der Sache und fasse mich kurz. Ich versuche mit wenigen Sätzen auszukommen. Dadurch werden überflüssige und feindselige Bemerkungen nahezu ausgeschlossen.
* Ich bemühe mich, mein Anliegen verständlich zu machen, damit ich verstanden werde, rede also nicht »drumherum«.
* Ich frage zurück, wenn ich die Zusammenhänge nicht verstanden habe, um Mißverständnisse zu vermeiden: »Bitte erkläre mir nochmals, wie du das gemeint hast. Ich möchte dich gerne verstehen.«

* Ich äußere meine Gefühle und Bedürfnisse direkt und positiv. Statt mich zu beschweren: »Du hilfst mir nicht beim Abwaschen«, sage ich besser: »Ich wäre dir dankbar, wenn du mir beim Abwaschen helfen würdest.«
* Ich hüte mich vor Verallgemeinerungen wie »immer« und »nie«, da diese Widerspruch hervorrufen.
* Ich verzichte bewußt auf Beleidigungen, Anklagen und Schuldzuweisungen. Sinnvoller ist, das Problem als gegeben hinzunehmen und gemeinsam nach Lösungsmöglichkeiten zu suchen.
* Ich stemple meinen Partner nicht ab. Worte wie »selbstsüchtig«, »unzuverlässig«, »stur« können provozieren und eher stören als entstören. Vorwürfe bringen nichts Gutes. Statt zu klagen: »Du sprichst überhaupt nicht mehr mit mir«, will ich sagen: »Was hältst du davon, wenn wir uns zu einem gemütlichen Gespräch zusammensetzen oder abends miteinander wieder einmal essen gehen?«

Zielvorstellungen für das Gespräch

* Ich spreche lösungs- und nicht problemorientiert.
* Ich will geduldig an der Gesprächsentwicklung arbeiten.
* Ich denke erst und reagiere nicht voreilig.
* Ich sage die Wahrheit in Liebe.
* Ich vermeide Spitzen, die den anderen verletzen.
* Ich kontrolliere meine Worte, denn sie sind Ausdruck meines Denkens.
* Ich spreche meinen Unmut und Ärger aus, nüchtern und sachlich.

* Ich belehre nicht von oben herab.
* Ich achte auf meine Gefühle, damit ich nicht unsachlich werde und sich keine negativen Gedanken in mir festsetzen.
* Ich gehe nicht mit einer bestimmten Gesprächstaktik vor.
* Ich manipuliere meinen Gesprächspartner nicht.
* Ich führe nicht tierisch ernst, sondern mit Gelassenheit die Auseinandersetzung.
* Ich will mich in meinen Gesprächspartner hineinversetzen, um ihn besser zu verstehen.
* Ich respektiere seine Meinung, da er wie ich seine Erfahrungen gemacht hat.
* Ich akzeptiere seine Andersartigkeit und ordne sie als Bereicherung meines Lebens ein.
* Ich nehme ihn ernst in seinem Verhalten und in seinen Gefühlen.
* Ich höre ihm bewußt zu und lasse ihn ausreden.
* Ich werte seine Ausführungen nicht durch mein »endgültiges Vorurteil« von vornherein ab.

Nicht nur beim Sprechen, auch beim Zuhören ist einiges zu beachten:

Bewußtes Zuhören:

* Ich zeige mein Interesse durch unterstützende Gesten, durch Äußerungen wie »hm«, »aha« usw.
* Ich wiederhole in eigenen Worten, was ich verstanden habe.
* Ich frage gezielt nach Gefühlen, wenn ich den Eindruck habe, daß mein Partner sie nur indirekt aus-

drückt. »Du hast dich also über mich geärgert, daß ich so und so reagiert habe?«

* Ich sage meinem Partner: »Jetzt habe ich dich verstanden«, wenn er durch seine Aussagen bei mir zu einem »Aha-Erlebnis« beigetragen hat.
* Ich äußere auch meine Gefühle in erklärenden Worten, wenn ich durch Aussagen meines Partners betroffen bin: »Du, was du jetzt sagst, das verletzt mich.«
* Ich übergehe negative Äußerungen. Denn ich weiß: Wenn man gekränkt oder wütend ist, neigt man zu Übertreibungen und Vorwürfen. Ich achte nicht darauf, sondern versuche festzustellen, worüber mein Partner verärgert ist. Ich frage zurück: »Womit habe ich dich geärgert, daß du so reagierst?«
* Ich stimme berechtigten Beschwerden zu, wenn mir der Vorwurf meines Partners einleuchtet. Ich sage ihm: »Ich kann verstehen, daß du dich geärgert hast, wenn ich mich so und so verhalten habe. Wie hätte ich mich denn deiner Meinung nach verhalten sollen?«

Durch solch bewußtes Zuhören und Rückfragen lernt man, für Mitteilungen seines Partners empfänglicher zu werden, ja sie genauer als bisher wahrzunehmen. Außerdem lernt man, seine eigenen Gedanken und Gefühle besser auszudrücken.

Einüben von Friedfertigkeit

* Ich wage zur besseren Verständigung das Risiko, aus meiner Reserve herauszugehen.
* Ich will in der Auseinandersetzung dazulernen und meinen Blickwinkel weiten lassen.

* Ich bin offen für neue Informationen und mehr Sachkenntnis über entgegengesetzte Auffassungen.
* Ich will reifen durch die Auseinandersetzung.
* Ich stehe zu meiner Schuld, wenn ich sie erkenne.
* Ich bitte nach geklärter Sachlage bewußt um Vergebung.
* Ich spreche, wenn der andere an mir schuldig wurde, auf seine Bitte hin das Wort der Vergebung.
* Ich bin bemüht, daß wir nicht im Zorn auseinandergehen.
* Ich strebe die Überwindung des Trennenden an.
* Ich sehe und betone dankbar das Verbindende und die Übereinstimmungen.
* Ich resigniere nicht bei Rückschlägen.
* Ich ertrage Spannungen nicht ganz geklärter Dinge und gebe sie im Gebet an Gott ab.

Ein solches Verhalten trägt bei zu einem positiven Streiten. Es ist das praktische Einüben eines friedfertigen, gewaltfreien und menschlichen Umgangs miteinander in dem Sinne der Aufforderung des Apostels Paulus: »Ist es möglich, soviel an euch liegt, so habt mit allen Menschen Frieden (Römer 12,18).

Friedensstifter sind nicht solche Menschen, die »um des lieben Friedens willen« die Probleme ständig »unter den Teppich kehren«, sondern die, welche die Konflikte im zuvor angesprochenen Sinn anpacken und daran arbeiten mit dem Ziel, sie zu bewältigen und daran zu reifen.

Die Grundlage dafür hat Gott in Jesus Christus gelegt. Jesus ist der Friedefürst, der Friedensstifter. Er hat Frieden gemacht zwischen Gott und uns Menschen. Er hat Gott durch sein Sterben am Kreuz von Golgatha mit uns versöhnt, weil er da die Strafe für unsere Eigenwilligkeit, unseren Egoismus auf sich genommen hat. Diese Liebe und diesen Gehorsam hat Gott belohnt, indem er Jesus von den Toten auferweckt und ihm alle Macht im Himmel und auf Erden gegeben hat. Wer sich diesem Jesus als seinem Heiland und Herrn anvertraut und sich an seinem Wort orientiert, von seinem Geist inspirieren und bestimmen läßt, wird wirklich zu einem Friedensstifter. Jesus ist der Mann, bei dem wir das neue Denken, das neue Sprechen und das neue Verhalten lernen, weil wir bei ihm unter dem Einfluß eines neuen Geistes, des Geistes Gottes, sind.

Ein »Vitaminstoß« für Ihre gestörte Beziehung

Wenn Ihre Beziehung gestört ist, geben Sie Ihrer Ehe einen »Vitaminstoß«.
Dazu drei Vorschläge:
– Machen Sie eine Liste mit positiven Eigenschaften Ihres Partners nach der »Eins-zu-drei-Methode«: Für eine negative Eigenschaft suchen Sie drei positive und nennen diese auch Ihrem Partner, damit dieses Denken nicht nur im Kopf bleibt, sondern auch für das Herz begreifbar wird. Erbitten Sie zur Realisierung von Gott die Kraft seines guten heiligen Geistes.
– Zum besseren Miteinander führen Sie einen sogenannten »Verwöhnungstag« in der Woche ein. Überlegen Sie sich dazu ganz bewußt, wie bzw. wodurch Sie Ihrem Partner Freude bereiten können. Nehmen Sie sich ganz bewußt Zeit für ihn. Sprechen Sie viel miteinander und seien Sie um besondere Zuwendung besorgt. Nur so werden Sie aus den eingefahrenen,

alten Rillen herauskommen. Die Kraft dazu erbitten Sie sich von Jesus im Gebet.

– Um den Zeitmangel und die Eintönigkeit bewußt anzugehen, planen Sie miteinander für jedes Vierteljahr ein Wochenende, an welchem Sie wirklich Zeit füreinander haben, sich das auch gegenseitig erleben lassen. Haben Sie Mut dazu. Dem Aufrichtigen läßt Gott es gelingen.

Die wichtigste Voraussetzung dafür, daß eine gestörte Ehe wieder heil werden kann, ist, daß beide Partner zu Veränderungen, zum Miteinander bereit sind. Erbitten Sie sich das Maß an Liebe (1. Kor 13) zueinander, das sie nicht mehr besitzen, weil es über eine längere Zeit durch gegenseitige Verletzungen in Mitleidenschaft gezogen worden ist, von Gott im Gebet. Dies kann z. B. in Worten des Franz von Assisi geschehen:

»O Herr, mach mich zu einem Werkzeug deines Friedens:
daß ich Liebe übe, wo man sich haßt,
daß ich verzeihe, wo man sich beleidigt,
daß ich verbinde, da wo Streit ist,
daß ich die Wahrheit sage, wo der Irrtum herrscht,
daß ich Hoffnung wecke, wo Verzweiflung quält,
daß ich ein Licht anzünde, wo die Finsternis regiert,
daß ich Freude mache, wo der Kummer wohnt.
Ach, Herr, laß mich trachten,
nicht daß ich getröstet werde, sondern daß ich andere tröste,
nicht daß ich verstanden werde, sondern daß ich andere verstehe,
nicht daß ich geliebt werde, sondern daß ich liebe.

Denn wer da hingibt, der empfängt,
wer sich selbst vergißt, der findet,
wer verzeiht, dem wird verziehen,
und wer da stirbt, der erwacht zum ewigen Leben.«

Wer sich dieses Gebet zu eigen macht und täglich diese Worte in seinem Herzen, seinem gottvertrauenden Denken bewegt und dadurch die Gesinnung Jesu in sein Herz und Denken hereinholt, der gehört zu den Friedensstiftern, die Jesus selig preist. Er gestaltet seine Lebenspraxis nicht mehr nach den Verhaltensmustern der heutigen Menschheit – »Laß mich in Frieden!« –, sondern übt sich in ein neues, Gott wohlgefälliges Verhalten ein und orientiert sich am Wort Gottes als Maßstab seiner Lebensgestaltung. Die Welt, auch die eigene kleine Welt, wird dadurch nicht zum Paradies, aber zu einem Übungsfeld, auf dem man lernt, positiv miteinander zu streiten und sich gegenseitig bereichernd zusammenzuleben. Haben Sie Mut, in kleinen Schritten das für Ihre gestörte Beziehung als heilsam Erkannte einzuüben. Positive Veränderung wird nicht auf sich warten lassen.

Ständig wiederkehrende Gründe für Konflikte in unserer Ehe

Anmerkung:
Diese beiden Seiten (Seite 98/99) fotokopieren, damit Mann und Frau sie getrennt ausfüllen und dann gegenseitig austauschen können als Gesprächsunterlage.

Krisen, die zur Reifezeit in unserer Ehe wurden

Trauschein ohne Ehe

Viele reden über »Ehe ohne Trauschein« – auch in christlichen Kreisen. Doch was geschieht, wenn der Trauschein vorhanden ist, die Ehe aber trotzdem nicht funktioniert? Nie zuvor hatten wir in unserem Seelsorgedienst so viele Eheberatungsgespräche wie heute. Gläubige Ehepartner wollen nach 20/25 Ehejahren auseinandergehen. Man bleibt zwar trotzdem zusammen wegen

– der Kinder,
– der Versorgung,
– der Angst und Unfähigkeit, sein eigenes Leben zu gestalten,
– der gesellschaftlichen Stellung,

aber man

– liebt einander nicht mehr,
– begehrt einander nicht mehr,
– bedeutet einander nichts mehr,
– geht seine eigenen Wege,
– tut einander ständig weh,
– demütigt sich gegenseitig,
– beschuldigt einander nur noch,
– vergibt einander nicht mehr,
– stellt nur noch Forderungen,
– sucht seinen eigenen Vorteil.

So aber läßt sich Ehe nicht glücklich leben.

Ehe ist ...

- eine Gabe Gottes, keine Erfindung des Menschen (1. Mose 1,26-28; Mt 19,4);
- die Zuordnung eines Mannes zu einer Frau; keine andere Beziehungsform (1. Mose 2,22-24; Mt 19,5);
- eine grundsätzlich lebenslängliche Beziehung (Mt 19,6);
- eine Entwicklung von Beziehungen, kein starrer Zustand (Eph 5,22-33);
- Gemeinschaft mit Gott, keine von ihm gelöste Zweisamkeit (1. Mose 1,26-28).

Ehepartner sind ...

- wesensverwandt (1. Mose 2,21-24),
- gleichwertig, nicht gleichartig (1. Mose 1,27; Mt 19,4),
- ein Wir, in dem das Ich selbständig bestehen bleibt,
- bedingen einander wie »Kopf« und »Herz«.

In der Ehe geht es darum, mit der Hilfe des anderen die eigenen Aufgaben zu erfüllen. Doch gibt es hier oft Streitigkeiten um die Vorherrschaft, nicht selten sogar fälschlicherweise unter Berufung auf Gottes Wort, z. B. auf Epheser 5,22 ff.: »Ihr Frauen, ordnet euch euren Männern unter wie dem Herrn ...« Leider nimmt der Mann nicht zur Kenntnis, daß es im Text dann weiter heißt: »Ihr Männer, liebt eure Frauen, wie auch Christus die Gemeinde geliebt hat und hat sich selbst für sie dahingegeben« (V. 25). – Selbstverwirklichung am anderen vorbei bzw. auf seine Kosten ist Sünde! Hier spielt die Wertigkeit des Mannes und der Frau »an sich« die entscheidende Rolle. Die Frage ist:

– Wie pflegt der Mann sein »Herz«: seine Frau?!
– Wie wertet die Frau ihren »Kopf«, ihren Mann, auf?!

Der Mann ist das »Haupt, die Frau das »Herz« in der Ehe und Familie

»Wenn man dieses Verhältnis richtig versteht«, schreibt Theodor Bovet[1], »dann sollte es keinen ›Machtkampf‹ zwischen Mann und Frau geben, sondern jeder könnte glücklich sein, mit Hilfe des andern seine eigene Funktion zu erfüllen. Der dennoch so häufige Streit um die Vorherrschaft hat indessen unbewußte Wurzeln, denen wir nachgehen wollen.

Der Mann hegt der Frau gegenüber meist Minderwertigkeitsgefühle, weil sie instinktsicherer ist als er. Er ist deshalb gegen ihre Kritik sehr empfindlich, viel mehr, als es beide wissen, und er fürchtet sich davor. Um der möglichen Kritik zu entgehen, drückt er sich auch oft vor seiner Rolle als Steuermann und überläßt die Verantwortung seiner Frau. Seine effektive Feigheit kompensiert aber der Mann durch herrisches Auftreten und Diktatorenallüren (Anmerkung des Autors: also nicht liebend). Umgekehrt hat auch die Frau dem Mann gegenüber Minderwertigkeitsgefühle, die mit der Erziehung und der an manchen Orten noch herrschenden Konvention zusammenhängen. Je verdrängter diese Minderwertigkeitsgefühle sind, desto eher versucht sie durch Kritik, Nörgelsucht und Herabsetzung der Männer im allgemeinen und des Ehemannes im besonderen zu kompensieren. Damit sind wir beim Machtkampf angelangt.

Je mehr der Mann indessen seine Verantwortung auf sich nimmt und im besten Sinne ›Haupt der Gemeinschaft‹ ist, desto wohler ist es der Frau und desto besser spielt sie ihre Rolle als ›Herz‹. Aber sie muß dem Mann die Selbstsicherheit geben, die er von Natur aus nicht hat; sie muß ihm Vertrauen schenken, auch wenn er am Anfang versagt; sie muß ihn mit ihrer Liebe und ihrem Lob förmlich aufblasen – ›inspirieren‹ heißt das lateinische Wort –, damit er seine Rolle als Steuermann richtig erfülle. Wenn die Frau dieses Lob, diese ständige Ermutigung ihres Mannes vernachlässigt oder ihn gar herabsetzt, dann fühlt er sich ihr gegenüber als Kind, und er wird früher oder später eine andere Frau finden, die in der richtigen Weise an ihm hinaufschaut und der gegenüber er sich nun auch ganz als Mann vorkommt. Die Gefahr der Untreue ist hier sehr groß, und wohl die meisten Ehebrüche gehen darauf zurück, daß der Mann sich seiner Frau gegenüber minderwertig vorkam, sie ihn darin bestärkte und eine andere aus ihm das ›Haupt‹ zu machen verstand.

Überhaupt ist ein Kräftemißverhältnis zwischen Mann und Frau eine der häufigsten Bedingungen ehelichen Zwists: Wenn die Frau stärker, klüger, erfahrener, temperamentvoller ist als der Mann und ihm das zu spüren gibt, dann sind gewöhnlich beide unglücklich und klagen einander gegenseitig an. Wenn dagegen der Mann die volle Verantwortung als ›Haupt‹ übernimmt und die Frau als ›Herz‹ die ganze Familie mit pulsierender Seelenwärme erfüllt, dann ist auch für die Kinder die beste Grundlage für eine glückliche Entwicklung geschaffen.« – Soweit Theodor Bovet.

Umgekehrt kann es aber auch sein: Wenn die Ehefrau über Jahre und Jahrzehnte ihre eigenen Bedürfnisse in falscher Selbstverleugnung nicht beim Namen genannt hat, und der Mann diese nicht erkennen und anerkennen wollte, geschieht oftmals dasselbe wie zuvor beschrieben: Kommt ein Mann, der dieses Defizit ausfüllt, der sie als »Herz« pflegt und annimmt, steht auch sie in Gefahr, untreu zu werden – und sei es »nur« in Gedanken; auf jeden Fall streikt sie und kündigt innerlich die Gemeinschaft auf – nicht selten auch wird sie depressiv. Natürlich hat das dann auch seine Auswirkungen auf alle *Bereiche der Ehe,* denn sie ist:

– Lebensgemeinschaft	– Freudengemeinschaft
– Gesprächsgemeinschaft	– Leidensgemeinschaft
– Liebesgemeinschaft	– Gefühlsgemeinschaft
– Vertrauensgemeinschaft	– Ökonomiegemeinschaft
– Erzählgemeinschaft	– Erziehungsgemeinschaft
– Dienstgemeinschaft	– Interessensgemeinschaft
– Erfolgsgemeinschaft	– Arbeitsgemeinschaft

Mann und Frau müssen also immer wieder ihre Funktion als »Kopf« und »Herz« unter ganz bestimmten Aspekten bewußt hinterfragen, um ihren Anteil zum Gelingen ihrer Ehe einzubringen. Dabei gilt es zu beachten, in welcher Phase ihrer Ehe sie sich befinden, denn je nachdem werden einmal die einen, ein andermal die anderen Schwerpunkte im Vordergrund stehen. Ich unterscheide folgende *Phasen der Ehe:*

- die »Nur-Du-Phase« (Flitterwoche)
- die »Wir-Phase« (Gemeinsamkeiten werden betont),
- die »Ich-Phase« (Beruf/Kindererziehung),
- die Krise in der »Wir/Ich-Phase« (Gefahren des Nebeneinanderherlebens, des Sich-Auseinanderlebens, des Gegeneinanders),
- die neue »Ich-im-Wir-Phase« (Die Selbständigkeit im Wir).

Das selbständige Ich im Wir der Ehe

Ziel der Entwicklung innerhalb der Ehe soll das selbständige »Ich im Wir« sein. Jeder der Ehepartner ist und bleibt eine von Gott gewollte, begabte, geliebte und wertgeachtete Persönlichkeit (Jes 43, 1-5).

Eine gut funktionierende eheliche Gemeinschaft ist vergleichbar mit einem Gelenk. Ein Gelenk besteht aus zwei völlig voneinander unabhängigen Teilen, die aber durch Gelenkkapseln einerseits und durch Sehnen und Muskeln andererseits fest miteinander verbunden sind. Wenn diese zwei völlig unabhängigen Teile verwachsen sind, dann ist es ein Zeichen, daß dieses Gelenk entzündet ist. Es tut weh, und es ist nicht funktionsfähig. Wenn aber diese zwei Teile voneinander völlig getrennt sind, dann ist das Gelenk amputiert und keine Funktion mehr vorhanden. Ähnlich verhält es sich auch mit der ehelichen Gemeinschaft: Die beiden Ehegatten sind miteinander verbunden, aber sie behalten ihren Freiraum. Wenn dieses Prinzip mißachtet wird und man sich bemüht, ganz eins zu sein wie ein verwachsenes Gelenk, dann leidet die Ehe unter der Einengung. Wenn jeder von beiden nur seinen Freiraum behauptet, dann leidet die Verbindung zueinander darunter. So ist es wichtig, daß jeder den Freiraum des anderen respektiert, aber zugleich sich fest mit ihm verbunden weiß und ihn »liebt wie sich selbst« (Mt 22, 39).

Das Spannungsfeld Beruf – Ehe und Familie

Die Spannung Beruf – Ehe und Familie macht vielen – Männern wie Frauen – zu schaffen. Beide Bereiche stellen ihre Anforderungen. Meistens kommen Ehe und Familie dabei zu kurz. Die Folgen zeigen sich oftmals erst Jahre später, sozusagen zeitversetzt. Nicht wenige Männer unserer Tage sind verunsichert. Sie fragen nach dem Eigentlichen des Mannseins, nach seinen besonderen Aufgaben. Noch bis vor wenigen Jahrzehnten war das mehr oder weniger eindeutig: Der Mann war zuständig für den »Außenbereich« (z. B. die finanzielle Versorgung der Familie), die Frau für den »Innenbereich« (z. B. für die »drei K«: Kinder, Küche, Kirche). Dies gilt in unseren Tagen nicht mehr grundsätzlich. Wir müssen deshalb einen neuen Standpunkt einnehmen, ohne das Fundament – die eingangs definierte Basis der Ehe – zu verlassen. Ich sage ja: Ehe ist eine Entwicklung von Beziehungen, kein starrer Zustand! Wer seinen Standpunkt ändert, bekommt eine neue Sicht!

Dabei kann uns das Wort aus dem 1. Timotheusbrief, Kap. 3, 2-7 helfen. Paulus schreibt dort: »Das ist gewißlich wahr: So jemand ein Bischofsamt begehrt, der begehrt eine hohe Aufgabe. Ein Bischof aber soll unsträflich sein, Mann einer einzigen Frau, nüchtern, maßvoll, würdig, gastfrei, geschickt im Leben, lehrhaft, kein Säufer, nicht gewalttätig, sondern gütig, nicht streitsüchtig, nicht geldgierig, einer, der seinem eigenen Hause gut vorsteht und gehorsame Kinder hat in aller Ehrbarkeit. Denn wenn jemand seinem eigenen Haus nicht vorzustehen weiß, wie soll er für die Gemeinde Gottes sorgen? Er soll kein Neuling sein, damit er sich nicht aufblase und dem Urteil des Teufels verfalle. Er muß aber auch einen guten Ruf haben bei denen, die draußen sind, damit er nicht geschmäht werde und sich nicht fange in der Schlinge des Teufels.«

Die Worte Jesu aus dem Missionsbefehl weisen in dieselbe Richtung: »Ihr werdet meine Zeugen sein in Jerusalem und in ganz Judäa und Samarien und bis an das Ende der Erde« (Apg 1, 8). Gottes-dienst beginnt in Jerusalem, im Zuhause, in der Ehe und Familie!

Bei mir persönlich hat hier ein Nachdenken eingesetzt. Früher war die Reihenfolge in meinem Leben diese: Gott – Beruf – Gemeinde – Ehe – Familie. Heute bemühe ich mich neue Prioritäten einzuüben, die meiner Ansicht nach eher den beiden obigen Bibelstellen entsprechen: *Gott – Ehe – Familie – Beruf – Gemeinde.*

Ob dies gelingt, hängt von verschiedenen Faktoren ab, und wir wollen dazu besonders sechs Bereiche der Ehe differenziert betrachten:
– den geistigen Bereich,
– den geistlichen Bereich,
– den sexuellen Bereich,
– den seelischen Bereich,
– den ehelichen/familiären Bereich,
– den praktischen Bereich.

Ehe-TÜV

Als Anlage zu diesem Kapitel finden Sie auf sogenannten »EHE-TÜV«-Bogen Fragen für einen Austausch zwischen den Partnern zu diesen sechs Bereichen. Da und dort überschneiden sich die Fragen. Benutzen Sie und Ihr Ehepartner diese Bogen zunächst getrennt als »Check-Listen« und beantworten Sie die einzelnen Fragen spontan. Dann tauschen Sie die Bogen mit Ihrem Partner aus und sprechen in Ruhe die einzelnen Fragen durch mit dem Ziel: Was können wir wie positiv verändern? Damit Ihr Gedankenaustausch fruchtbar wird, gilt es, die einfachsten Erkenntnisse der Kommunikation zu beachten:

- Machen Sie sich verständlich, um verstanden zu werden.
- Hören Sie wirklich zu.
- Lassen Sie den anderen ausreden.
- Fragen Sie zurück, wenn Sie den anderen nicht verstanden haben.
- Denken Sie zuerst, bevor Sie antworten.
- Achten Sie auf Ihre Gefühle, damit Sie nicht unsachlich werden.
- Versuchen Sie bewußt, Ihren Partner zu verstehen.
- Vermeiden Sie Spitzen, die den anderen verletzen.
- Wagen Sie zur besseren Verständigung aus der Reserve zu kommen.
- Rechnen Sie keine alten Geschichten und Fehler der Vergangenheit auf.
- Nehmen Sie berechtigte Kritik an.
- Führen Sie keine fremden Autoritäten auf: »man«, »wir«.
- Seien Sie bereit, Ihre Meinung zu ändern, wenn Sie bessere Einsichten gewonnen haben.
- Streben Sie bewußt positive Veränderungen an.
- Machen Sie sich konkret deutlich, wie dies miteinander möglich ist.

Anhand der »EHE-TÜV«-Bogen können Sie feststellen, wodurch ihre Ehe in den einzelnen Bereichen krisenanfällig werden kann bzw. geworden ist.

Im geistigen Bereich:

– Bei falschen Erwartungen,
Kommunikationsschwierigkeiten,
Eintönigkeit,
zu wenig Verständnis füreinander.

Im geistlichen Bereich:

– Wenn ich Gott ungehorsam bin,
meinen Glauben vernachlässige,
nicht mehr aus der Vergebung lebe,
keine Liebe mehr praktiziere.

Im sexuellen Bereich:

– Wenn ich Liebe mit Bindung verwechsle,
Beglückung mit Befriedigung,
Liebeskunst mit Technik,
Begehrlichkeit mit Triebhaftigkeit.

Im seelischen Bereich:

– Wenn mir die Gefühle meines Partners egal sind,
ich seine positiven Eigenschaften nicht mehr wahrnehme,
ihm mein Vertrauen entziehe,
mich um seine Bedürfnisse nicht mehr kümmere.

Im ehelichen/familiären Bereich:

– Wenn ich keine Zeit mehr für meinen Partner habe,
wenn er mich nicht mehr interessiert,
wenn die Kinder vor ihm kommen,
wenn wir nichts mehr gemeinsam unternehmen.

Im praktischen Bereich:

– Wenn Wort und Tat ständig auseinanderklaffen,
ich mich nicht mehr für Details interessiere,
meine Profilierung auf seine Kosten geht,
ich im Kritisieren steckenbleibe.

Vorbeugung gegen und Bewältigung von Ehekrisen

Zum Schluß noch fünf konstruktive Hinweise, Krisen in der Ehe vorzubeugen, sie zu bewältigen und damit glaubwürdig Ehe zu gestalten und zu bewahren:

1. Nehmen Sie sich genügend Zeit füreinander

Wir sollten nicht sagen: »Ich habe keine Zeit«, sondern vielmehr: »Für diese Sache nehme ich mir keine Zeit.« Das wäre ehrlicher. Wenn man mich fragt: »Wie findest du deine Zeit für deine vielfältigen Aufgaben?« kann ich nur antworten: »Ich finde überhaupt keine Zeit; ich muß sie mir dafür nehmen.«

Unsere Generation ist gekennzeichnet durch Tempo

und Hektik. Alles soll möglichst in kurzer Zeit geschafft werden. Unsere Prinzipien lauten: »mehr«, »schneller«, »besser«. Und das gilt nicht nur für den Sport. Man will in kürzester Zeit mehr verdienen, mehr lernen, mehr Freizeit und Mitbestimmung erwerben. Das gilt auch für fromme Aktivitäten. Das eigenartige Ergebnis dieser Entwicklung ist ein erstaunlicher Mangel an Zeit. Das Problem heißt also nicht so sehr: keine Zeit! Wenn wir der Sache auf den Grund gehen, müssen wir ehrlicherweise sagen: falsche Maßstäbe! Wir haben Schwierigkeiten beim Aufstellen der Prioritäten in unserem Leben. Es ist die Frage: Wer, was steht an erster Stelle in meinem Leben? (Mt 6,33).

2. Sprechen Sie viel miteinander

Es gilt miteinander zu reden, sich verständlich zu machen, um sich zu verstehen. Wo das Reden in der Ehe aufhört, hört das Verstehen auf. Mißverständnisse stellen sich ein. Schwierigkeiten entstehen, weil nicht mehr Einmütigkeit, sondern das Auseinanderleben die Folge ist. Genauso gilt es zu lernen, aufeinander zu hören. Dafür muß man sich bewußt Zeit nehmen. Ohne gegenseitiges Mit-teilen kann der andere nicht wissen, was mich bewegt. Er kann nicht wissen, was mich aufregt, wenn ich es ihm nicht sage. Es gibt einfach Dinge, die mich am anderen stören, ja ärgern können. Nicht über das Negative zu sprechen, ist nicht Ausdruck besonderer Liebe. Es ist vielmehr eine lieblose Überforderung des anderen, denn im geheimen erwartet man, daß er sich doch ändern möge. Durch das Verschweigen wird er aber in seinem falschen Verhalten bestätigt. So wird ihm die Chance der Veränderung und Erneuerung genommen.

3. Nennen Sie ihre Bedürfnisse beim Namen

Viele Ehepartner müssen wieder neu oder überhaupt lernen, sich ihre Bedürfnisse und Wünsche, Ihre Erwartungen und Sehnsüchte mitzuteilen; ehrlich, offen, aber nicht lieblos zu sagen, was man denkt, was man empfindet, wie man sich die eheliche Gemeinschaft in den verschiedenen Bereichen vorstellt. Viele sexuelle Probleme haben sich Ehepartner selbst zuzuschreiben, weil sie nicht offen und ehrlich über ihre Gefühle und Wünsche sprechen. Das ganze Miteinander wird dadurch oft weit mehr belastet, als man denkt; oft erkaltet dadurch die seelische Wärme.

4. Üben Sie bewußt neu Erkanntes zielstrebig ein

Dadurch wird Ihr Denken, Sprechen und Verhalten erneuert. »Was nicht zur Tat wird, hat keinen Wert!« Zum Einüben von Neuem gehört ebenso Vertrauen wie Geduld (Hebr 10,35.36). Ziel sollte dabei sein, aus größeren Fehlern kleinere zu machen. In dieser Gesinnung können wir einander besser annehmen und lieben. Wir überfordern einander nicht, wir ermutigen uns durch diese Haltung.

5. Greifen Sie zur Motivation regelmäßig zu den »Checklisten«

Das wird Ihnen helfen, gewonnene Erkenntnisse sich immer wieder zu vergegenwärtigen und damit zu einem Bestandteil Ihres Lebens werden zu lassen, weiter in Ihre Identität hineinzuwachsen. Gut dafür ist ein Eheabend in der Woche und ein verlängertes Wochenende einmal im Viertel- bzw. Halbjahr, das Sie »allein zu zweit« verbringen.

Helfen beim *Bilanzziehen* können Ihnen Fragen wie:
- Was hat sich in meinem/unserem Leben geändert? (Dank!)
- Was hat sich warum nicht geändert? (Fürbitte!)
- Wie gehe/n ich/wir nun weiter vor? (Bitte!)

Sie können auch so fragen:
- Was haben wir eingeübt?
- Was haben wir nicht realisiert; warum?
- Was kann/will ich zur Verbesserung beitragen?

Schlußbemerkung:

Liebe ist ein Balanceakt zwischen Schenken und Nehmen, zwischen Hingabe und Selbstbehauptung. Wenn eins von beiden ausfällt, kommt die Liebe aus dem Gleichgewicht. Darum will sie geübt sein (1. Kor 13).

Literatur:
Theodor Bovet: »Die Ehe«. Das Geheimnis ist groß. Ein Handbuch für Eheleute und ihre Berater. 520. Tausend 1968 Tübingen: Katzmann Verlag
Kurt Scherer, »Kleine Eheschule«, Verlag Weißes Kreuz, Vellmar-Kassel
Tim und Beverly La Haye: »Wie schön ist es mit dir«, Verlag Schulte & Gerth, Aßlar
Hans Böttcher: »Psychologische Faktoren des Gelingens von Ehe«, Diakonie Mai/Juni 82/3, Verlagswerk der Diakonie, Stuttgart

»EHE-TÜV«-Bogen

Checkliste 1: Der geistige Bereich

Nachdenken – Bedenken – Umdenken sind Stationen zum Neudenken.

(Vergleiche Röm 12,2)

	Ja	Nein
1. Finde ich mein Leben zu eintönig?	☐	☐
2. Weiß ich etwas mit mir anzufangen?	☐	☐
3. Habe ich Freunde?	☐	☐
4. Lege ich Wert auf Eigenständigkeit?	☐	☐
5. Traue ich mir etwas zu?	☐	☐
6. Denke ich minderwertig über mich?	☐	☐
7. Bleibe ich im Vergleichsdenken stecken?	☐	☐
8. Bin ich selbständig, wenn es um Entscheidungen geht?	☐	☐
9. Habe ich Mut, auch Fehler zu riskieren?	☐	☐
10. Stehe ich zu meinen Entscheidungen?	☐	☐
11. Kann ich positiv streiten?	☐	☐
12. Fühle ich mich – gleichsam unbewußt – bei Diskussionen zum Widerspruch herausgefordert?	☐	☐
13. Respektiere ich das »Ich im Wir«?	☐	☐
14. Interessiere ich mich für die Arbeit meines Partners?	☐	☐
15. Interessiere ich mich für das Denken meines Partners?	☐	☐
16. Unternehme ich etwas, meinen Partner besser zu verstehen?	☐	☐
17. Gebe ich meinem Partner Teil an dem, was mich bewegt?	☐	☐
18. Sage ich meinem Partner, daß ich auf seine Gaben und Fähigkeiten stolz bin?	☐	☐
19. Finde ich Anerkennung bei meinem Partner?	☐	☐
20. Bespreche ich meine Probleme lieber mit Freunden als mit meinem Partner?	☐	☐
21. Stehe ich zu meinem Partner, auch wenn er Fehler macht?	☐	☐
22. Habe ich Verständnis für die Fehler meines Partners?	☐	☐

»EHE-TÜV«-Bogen

Checkliste 2: Der geistliche Bereich

Wie ich mein Leben lebe,
steht in enger Kausalität zu der Tatsache,
wie ich meinen Glauben lebe.

(Vergleiche Phil 2, 1-4)

	Ja	Nein
1. Teile ich meinen Glauben an Gott mit meinem Partner?	☐	☐
2. Respektiere ich unterschiedliche Erkenntnisse?	☐	☐
3. Gehe ich mit meinem Partner zum Gottesdienst?	☐	☐
4. Habe ich ein eigenes Gebetsleben?	☐	☐
5. Bete ich mit meinem Partner zusammen?	☐	☐
6. Lese ich allein die Bibel?	☐	☐
7. Lese ich die Bibel mit meinem Partner zusammen?	☐	☐
8. Kann ich Gott für meinen Partner danken?	☐	☐
9. Haben Anbetung, Lob und Preis einen besonderen Stellenwert in meiner »Stillen Zeit«?	☐	☐
10. Nehme ich mir täglich ausreichend Zeit (10,20,30, 40 ... Min. für meine »Stille Zeit«?	☐	☐
11. Spreche ich mit meinem Partner über Glaubensfragen?	☐	☐
12. Gebe ich ihm Teil an dem, was mir Sorgen bereitet?	☐	☐
13. Finde ich bei ihm Unterstützung, wenn ich angefochten bin?	☐	☐
14. Bezeuge ich meinen Glauben in Familie, Gemeinde, Beruf?	☐	☐
15. Praktiziere ich meinen Glauben als angewandte Liebe?	☐	☐
16. Fällt es mir in gewissen Bereichen schwer, Gott zu vertrauen?	☐	☐
17. Habe ich vor bestimmten Lebenslagen Angst?	☐	☐
18. Lebe ich aus der Vergebung Gottes?	☐	☐
19. Vergebe ich meinem Partner?	☐	☐

20. Helfe ich meinem Partner, Gottes Willen zu erkennen und auch zu tun? .... ☐ ☐
21. Vertrage ich die Wahrheit?........................ ☐ ☐
22. Kann ich sie in Liebe sagen?...................... ☐ ☐
23. Arbeite ich gerne mit in der Gemeinde?......... ☐ ☐
24. Meine ich, ich hätte keine Gaben?.............. ☐ ☐
25. Flüchte ich zu christlichen Aktivitäten, statt meine Probleme zu Hause anzupacken? .... ☐ ☐
26. Freut sich mein Partner über meine Mitarbeit in der Gemeinde? .... ☐ ☐
27. Freue ich mich über seine Mitarbeit?............ ☐ ☐
28. Kann ich bewußt die »zweite Geige« spielen? .... ☐ ☐
29. Geht es mir um Gottes Ehre bei meinen Diensten? .... ☐ ☐

»EHE-TÜV«-Bogen

Checkliste 3: Der sexuelle Bereich

Das Sexualleben ist eine intime Form der Kommunikation.
(Vergleiche 1. Kor 7, 5)

	Ja	Nein
1. Habe ich eine gesunde Einstellung zur Sexualität? (ist schmutzig/ist eine gute Gabe Gottes)	☐	☐
2. Weiß ich um den Unterschied im Erleben der Sexualität bei Mann und Frau?	☐	☐
3. Weiß ich um diesen Unterschied nicht nur generell, sondern auch ganz konkret bei uns?	☐	☐
4. Will ich ein besseres Verständnis für das sexuelle Verlangen meines Partners bekommen?	☐	☐
5. Fühle ich mich zu meinem Partner noch körperlich hingezogen?	☐	☐
6. Habe ich manchmal Sehnsucht, meinen Partner ganz spontan zu berühren, zu streicheln, einen Kuß zu geben, in den Arm zu nehmen?	☐	☐
7. Ist »Zärtlichkeit« für mich dasselbe wie »Zärtlichkeiten«?	☐	☐
8. Rede ich offen über meine Wünsche und Sehnsüchte?	☐	☐
9. Finde ich Beglückung durch die Sexualität?	☐	☐
10. Versuche ich, meinen Partner im sexuellen Bereich glücklich zu machen?	☐	☐
11. Respektiere ich die Wünsche meines Partners?	☐	☐
12. Bin ich variabel liebevoll im sexuellen Bereich?	☐	☐
13. Brauche ich in diesem Bereich die Hilfe meines Partners?	☐	☐
14. Schäme ich mich, dies zuzugestehen?	☐	☐
15. Erzwinge ich Geschlechtsverkehr?	☐	☐
16. Spreche ich über Familienplanung und Enthaltsamkeit?	☐	☐

17. Trage ich dazu bei, daß wir uns froh und frei von Angst (Verhütungsmittel), Zeitnot, Hektik, störenden äußeren Umständen begegnen und lieben können? .... ☐ ☐
18. Werbe ich noch um meinen Partner?............. ☐ ☐
19. Habe ich ihm vor kurzem gesagt: »Ich liebe dich« ? .... ☐ ☐
20. Bin ich meinem Partner treu?.................. ☐ ☐

»EHE-TÜV«-Bogen

Checkliste 4: Der seelische Bereich

Was du nicht willst, daß man dir tu',
das füg' auch keinem andern zu.

(Vergleiche Mt 7,12)

	Ja	Nein
1. Liebe ich meinen Partner noch?	☐	☐
2. Bin ich mir seiner Liebe noch gewiß?	☐	☐
3. Vertraue ich meinem Partner?	☐	☐
4. Kann er mir vertrauen?	☐	☐
5. Verletze ich bewußt die Gefühle meines Partners?	☐	☐
6. Hat mein Partner Eigenschaften, die ich besonders liebe?	☐	☐
7. Hat mein Partner Eigenschaften, die mich besonders ärgern?	☐	☐
8. Weiß ich, wie sich mein Partner in bestimmten Lebenslagen verhält?	☐	☐
9. Ist mein Partner beständig?	☐	☐
10. Ist mein Partner vertrauenswürdig?	☐	☐
11. Ist mein Partner ehrlich?	☐	☐
12. Ist mein Partner zuverlässig?	☐	☐
13. Müßte ich mich zur besseren Harmonie ändern?	☐	☐
14. Habe ich unerfüllte Sehnsüchte?	☐	☐
15. Sage ich sie meinem Partner?	☐	☐
16. Fühle ich mich bei meinem Partner geborgen?	☐	☐
17. Fühle ich mich einsam?	☐	☐
18. Fühle ich mich zufrieden?	☐	☐
19. Berücksichtige ich die Gefühle meines Partners?	☐	☐
20. Weiß ich, was meinen Partner traurig stimmt?	☐	☐
21. Weiß ich, was ihn glücklich macht?	☐	☐
22. Weiß ich, was ihn ärgert?	☐	☐
23. Weiß ich, was ihn ermutigt?	☐	☐
24. Weiß ich, was ihn frustriert?	☐	☐
25. Weiß ich, was ihn befriedigt?	☐	☐

»EHE-TÜV«-Bogen

Checkliste 5: Der eheliche/ familiäre Bereich

Wenn wir so leben, als sei jeder Tag unseres Lebens der erste und letzte, der uns noch gegeben ist – denn er ist der erste vom verbleibenden Leben und kann der letzte vom gelebten Leben sein –, dann wird unser Miteinander sinnvoll und reich.

(Vergleiche Eph 5,22-6,4)

	Ja	Nein
1. Weiß ich genau, wie lange wir verheiratet sind? ..	☐	☐
2. Würde ich meinen Partner wieder heiraten?	☐	☐
3. Habe ich schon an Trennung/Scheidung gedacht?	☐	☐
4. Gibt es das Wort »Danke« (noch) in meinem Sprachgebrauch?	☐	☐
5. Mache ich meinem Partner (noch) Komplimente?	☐	☐
6. Plane ich mit meinem Partner den gemeinsamen Urlaub?	☐	☐
7. Möchte ich einmal ohne ihn verreisen?	☐	☐
8. Möchte ich mit meinem Partner allein für drei Monate auf einer einsamen Insel sein?	☐	☐
9. Kommt mein Partner vor unseren Kindern?	☐	☐
10. Sind für meinen Partner die Kinder wichtiger als ich?	☐	☐
11. Verbünde ich mich mit unseren Kindern gegen meinen Partner?	☐	☐
12. Schätze ich etwas in unserer Ehe am meisten? ...	☐	☐
13. Kann ich die drei glücklichsten Erlebnisse in unserer Ehe nennen?	☐	☐
14. Weiß ich, wann unsere Kinder geboren sind?	☐	☐
15. Kümmere ich mich um die Erziehung unserer Kinder?	☐	☐
16. Kenne ich ihre Freunde?	☐	☐
17. Nehme ich mir Zeit zum Gedankenaustausch mit ihnen?	☐	☐
18. Haben wir gemeinsame Aktivitäten?	☐	☐

19. Lachen, spielen, musizieren, lesen, hören wir Musik gemeinsam? .... ☐ ☐
20. Atme ich auf, wenn ich einmal ein paar Tage allein sein kann? .... ☐ ☐
21. Habe ich Angst, wenn die Kinder selbständig werden und aus dem Haus gehen? .... ☐ ☐

»EHE-TÜV«-Bogen

Checkliste 6: Der praktische Bereich

»Alles, was ihr tut mit Worten oder mit Werken, das tut alles im Namen des Herrn Jesus ...« (Kol 3, 17)

		Ja	Nein
1.	Habe ich Zeit für meinen Partner?	□	□
2.	Habe ich kürzlich, ohne besonderen Anlaß (Geburtstag, Hochzeitstag), meinem Partner ein Geschenk gemacht?	□	□
3.	War ich vor kurzem mit meinem Partner aus (Essen, Theater, Konzert, Museum, Ausstellung, Sportereignis usw.)?	□	□
4.	Lache, spiele, musiziere, lese, höre ich noch Musik gemeinsam mit meinem Partner?	□	□
5.	Kenne ich die Lieblingsspeise meines Partners?	□	□
6.	Kenne ich seine Lieblingsfarbe?	□	□
7.	Kenne ich seine Kleider-/Schuhgröße?	□	□
8.	Kenne ich heimliche Wünsche/Vorlieben meines Partners?	□	□
9.	Weiß ich, was er nicht mag?	□	□
10.	Weiß ich, welches Buch er zur Zeit liest?	□	□
11.	Weiß ich, mit welcher Krawatte er heute aus dem Haus ging?	□	□
12.	Weiß ich, welches Kleid sie anhatte?	□	□
13.	Kenne ich die Augenfarbe meines Partners?	□	□
14.	Hat mein Partner ein Hobby?	□	□
15.	Kann ich Ordnung halten?	□	□
16.	Bin ich zu ordnungsliebend?	□	□
17.	Habe ich gute Gewohnheiten?	□	□
18.	Hat mein Partner gute Gewohnheiten?	□	□
19.	Habe ich ungute Gewohnheiten?	□	□
20.	Hat mein Partner ungute Gewohnheiten?	□	□
21.	Stehe ich auf, wenn unser Kind nachts weint?	□	□
22.	Ist Hausarbeit unter meiner Würde?	□	□
23.	Sehe ich zuviel fern?	□	□

Persönliche Anmerkungen

Aus der Vergebung leben

Wo Menschen miteinander leben, gibt es Beziehungsstörungen, und man wird aneinander schuldig. Das gilt auch für die Ehe.

In einer gefährdeten oder gestörten Ehe

Es dominiert das Trennende und nicht das Verbindende. Man tut einander weh, man verletzt sich, demütigt sich gegenseitig. Es entstehen Rivalität und Streit in der Ehe oder auf der anderen Seite Eintönigkeit, Gleichgültigkeit, Resignation.

In der Eheseelsorge zeigt sich, daß die Quote von wirklich wieder heil gewordenen Ehen sehr niedrig ist. Das liegt an der mangelnden Bereitschaft, sich durch Gottes Wort und Geist korrigieren und zurechtweisen zu lassen. Es bedarf der bewußt willentlichen Mitarbeit beider Eheleute, wenn die Brüche in der Ehe so verheilen sollen, daß die eheliche Gemeinschaft wieder gesundet. Doch diese Bereitschaft ist selten, und noch seltener ist die Bereitschaft, dies anhand von biblischen Weisungen zu tun. Meistens dominiert ein anderes Denken und Verhalten:

– Man ignoriert einfach die Schuld, tut so, als ob alles okay sei.
– Man »kehrt die Probleme unter den Teppich«. Damit

sind sie aber nicht bewältigt, vielmehr kommen sie immer wieder hoch.
- Man verdrängt seine Schuld, macht sie bewußt vergessen und wundert sich dann, daß man psychosomatisch krank wird, daß die verletzte Seele und der rebellierende Geist über die Organe SOS schreien.

Bewältigung von Schuld

Es gibt aber auch eine aggressive Form der Schuldbewältigung:
- Man entschuldigt sich, indem man andere beschuldigt; man sucht einen Sündenbock im anderen oder auch in den Umständen.
- Man führt sozusagen eine Strichliste für die Verfehlungen des anderen; man rechnet auf, trägt nach zur eigenen Selbstrechtfertigung. Man »fertigt sein Recht selbst« oder
- man flüchtet in dauernde Vorwürfe.

Solches Verhalten bringt keine Entlastung, sondern immer noch mehr Belastung, denn alle diese Verhaltensmuster sind kein wirkliches Bewältigen von Schuld. Es sind Pseudolösungen. Die Störungen werden dadurch nicht entstört, die Brüche nicht geheilt.

Die einzig mögliche und richtige Lösung, wenn es um die Bewältigung von Schuld geht, ist die Vergebung. Vergebung ist der zentrale Faktor zum Heilwerden gestörter Beziehungen. Sie werden dadurch entstört. Vergebung wirkt wie ein Katalysator: sie löst die Vergiftungen, die Schadstoffe auf. Das zu erkennen und anzuerkennen ist für eine biblische Seelsorge entscheidend, sonst bleibt die

Beratung und Begleitung im Vordergründigen, z. B. in den therapeutischen Methoden, stecken. Diese sind zwar hilfreich, denn sie haben eine wieder funktionierende Ehe zum Ziel. Doch es geht um mehr beim *Heilwerden einer Ehe,* die ja eine Schöpfungsordnung Gottes ist.

Bei meiner Tätigkeit in der Seelsorge unterscheide ich immer zwischen Schuld und Sünde. *Schuld entsteht im Beziehungsverhältnis der Menschen untereinander.* Zu den Fragen der Schuld kann die Psychotherapie helfende, klärende und auch lösende Hinweise geben. Mit Hilfe einer Therapie kann der Rat- und Hilfesuchende mit der Vielschichtigkeit und Gegensätzlichkeit seines eigenen Wesens besser fertig werden und es akzeptieren, ohne einer Verkrampfung anheimzufallen und ohne Teilbereiche davon zu verdrängen.

Sünde entsteht in dem Verhältnis des Menschen zu Gott. Und immer, wenn Schuld als Sünde erkannt wird – und Schuld gegenüber Menschen ist in den meisten Fällen auch Sünde vor Gott (Ps 51, 6) –, ist die Psychotherapie an ihrer Grenze angelangt. Denn da, wo es um Vergebung von Sünde geht, sieht sich die Psychotherapie machtlos. Sünde kann nicht geheilt werden durch psychotherapeutische Methoden; Sünde wird lediglich dort aufgehoben und ausgelöscht, wo sie durch Jesus Christus gesühnt ist. Diese geschehene Versöhnung muß durch Erkenntnis, Bekenntnis, Reue, Glaube und Dank in einem Menschenleben Wirklichkeit werden.

Der Psychotherapeut – jedenfalls der von der psychotherapeutischen »Schulmedizin« geprägte – kennt die Worte »Sünde« und »Gott« nicht; er spricht allenfalls von »Fehlverhalten« und »Ich-Ideal« und kann zeigen, wie man eine seelische Umlagerung vornehmen kann, damit das »Ideal-Ich« erreicht wird.

Seelsorge ist mehr als Therapie

Der Seelsorger dagegen versucht dem Rat- und Hilfesuchenden zu zeigen, welches Bild Gott von ihm hat, wie Gott ihn gemeint hat – und wie er demgegenüber im Augenblick ist. In dem Augenblick, wo der Ratsuchende sieht, wie sein Leben in Gott neu werden kann, wird er merken, daß ihn ein Hindernis davon abhält, so zu werden, wie Gott ihn eigentlich gemeint hat (»Selbsterkenntnis«). Er wird zugeben: Jawohl, so möchte ich eigentlich sein, aber aus eigener Kraft kann ich das nicht.

An dieser Stelle wird ihm der Seelsorger aufzeigen, daß dieses Hindernis eben die Sünde ist und daß diese die Identität des Menschen zerstört und ihn von Gott, aber auch von seiner Umwelt trennt und ihm eine völlig falsche Perspektive gibt. Sünde ist schlechthin die Zielverfehlung des Lebens.

Der Seelsorger und auch der Rat- und Hilfesuchende können die Sünde nicht selbst beseitigen. Das kann nur Gott – und er will es auch durch sein geistgewirktes Wort der Vergebung. Die Seelsorge ist also keine »Erlösungstechnik«, »sie ist die Ausrichtung des Wortes Gottes an den einzelnen« (Thurneysen), daß Gott die Sünde behoben hat. Aber dieses Geschehen ist außerhalb der Machbarkeit des Menschen. Wir können Gott nicht beeinflussen, durch keinerlei Technik, Seelenführung, Methoden, Modelle. Wir können akzeptieren und vollmächtig – weil selbst erfahren – bezeugen: Jesus Christus hat die Sünde hinweggenommen (Jes 53; Joh 19, 30), und damit zum Vertrauen rufen.

Der Mensch muß dieses objektive Heilsangebot subjektiv in sein Leben aufnehmen, sich den für ihn von Gott her bereiteten heilenden Kräften öffnen, dann wird die Heilstatsache über die Glaubenstatsache zur Erfahrenstatsache (Joh 1, 12). So sind die tiefsten Heilungsprozesse in der Seelsorge geistliche Prozesse, deren Wirkung aus der Transzendenz kommt. Der eigentlich Handelnde in der Seelsorge ist Jesus Christus selbst. Er will seine heilenden Kräfte durch Menschen, die ihm vertrauen, unter dem Einfluß des Heiligen Geistes an Rat und Hilfe, Erlösung und Heil suchenden Menschen wirksam werden lassen. Seelsorge vollzieht sich somit am Schnittpunkt von vertikaler und horizontaler Dimension. Dabei ist der Seelsorger ein Werkzeug, durch das Gott sein Werk tut. Gott selbst autorisiert in Jesus Christus durch den Heiligen Geist zum Lösen und Binden (Mt 18, 18).

Ziel der Seelsorge

Ziel der Seelsorge sind Heilung und Heil. Heilung ist erfahrbar auf dem Weg der Heiligung, dem Gehorsam dem Wort und Geist Gottes gegenüber. Grund und Ziel aller Heilung aber ist das Heil.

»Es handelt sich im seelsorgerlichen Kontakt also nicht nur um eine menschlich-psychologische Erhellung der Situation eines Menschen, nicht nur um eine psychologische Aufarbeitung des Lebens bis in die Kindheit zurück, es geht auch nicht zuerst um das Erreichen einer psychischen Erleichterung durch die Möglichkeit des Sich-Aussprechens, sondern es geht um geistliche Prozesse«, auch wenn es ganz wesentlich ist im Blick auf das seelsorgerliche Gespräch, daß dem (menschlichen) Seelsorger die Probleme, das Umfeld eines Menschen durch das Gespräch, gerade auch unter Berücksichtigung bestimmter methodischer Möglichkeiten, bekannt werden.

Wir haben einen Leitsatz in unserer Abteilung Seelsorge beim Evangeliumsrundfunk, der heißt: »Ein Herz voll Liebe (1. Kor 13), ein Kopf voll Sachwissen und als beides umfassende Klammer: die Bitte um göttliche Weisheit (Jak 1, 5).

Zur Zielsetzung des Heilwerdens der Gottesbeziehung gehört ebenso das Ausheilen der zwischenmenschlichen Beziehungen wie das Ausheilen der Beziehung zu mir selbst. Weil ein Mensch durch eine heile Beziehung zu Gott eine neue Schöpfung ist (2. Kor 5, 17), kann er neu denken, neu sprechen, lernen und neue Verhaltensmuster einüben. So ist Seelsorge von Jesus Christus her immer ein zielgerichtetes Geschehen, wobei vom Wort Gottes (der Bibel) und dem Gebet wieder viel mutiger Gebrauch gemacht werden sollte. Es ist meine persönliche Erfahrung in meinem Dienst, daß der Gebrauch der Bibel und das Hineinnehmen eines Menschen in den Erfahrungsbereich des Gebetes oft in überraschender Weise einen Umbruch zum eigentlichen Heilwerden bewirkt.

Der Psychologie ist es möglich – und für diese Möglichkeit bin ich dankbar –, die inneren Zusammenhänge zwischen seelischer Fehlhaltung und Beziehungsstörungen aufzuhellen. Aber der Psychotherapie ist es nicht möglich, einen Weg zum Heil und zur Erlösung zu weisen. Ihre »Erlösung« ist und bleibt immer eine Selbsterlösung unter der Integration der eigenen Zwiespältigkeit und Gegensätzlichkeit. Das gilt ebenso für die Grundsätze der Gruppendynamik wie für all das, was sich unter dem Sammelbegriff »New Age« (neues Zeitalter) einordnet. – Und das ist gerade das, was die Verkündigung des Neuen Testaments als Betrug Satans und als menschliche Überheblichkeit, ja als die eigentliche Sünde des Menschen verdammt.

Es gibt nur eine einzige Lösung, und die ist gegeben in Jesus Christus. Die Psychotherapie kann lösen, aber nicht erlösen; sie kann heilen, aber kein Heil schenken (Apg 4,12; Mt 11,28). Wenn Schuld und Sünde nicht mehr ernstgenommen werden, werden auch Versöhnung und Vergebung nicht mehr ernstgenommen. Dann aber geschieht auch keine echte Befreiung mehr.

Es geht also in der Seelsorgepraxis darum, den Menschen nicht nur in der »horizontalen Dimension« zu sehen (Bezug zur Umwelt, zum Mitmenschen, zum Therapeuten), sondern auch und vor allem in seiner »vertikalen Dimension« (Gottesbezug). Wer auf der horizontalen Ebene verharrt, enthält dem Rat- und Hilfesuchenden das Eigentliche seines Heilwerdens vor. Daher ist jede Seelsorge, die nicht vom Seelsorger Jesus Christus abhängig ist, ein Widerspruch in sich selbst.

Die Liebe Gottes als elementar in der Vergebung wirkende Kraft

Die elementar in der Vergebung wirkende Kraft ist die Liebe Gottes (Eph 5,22-33), die Agape. Das ist das »Mehr«, von dem ich vorhin sprach. Ohne die Vergebung und ohne die Kraft Gottes kann eine Ehe vielleicht repariert, aber nicht *heil* werden. Ihr Fehlen in der Ehe ist letztlich die vollständige Begründung der Ehestörungen und -brüche. Würde man diese Liebe leben, würde man die Störungen in Ordnung bringen. Denn diese Liebe ist Tat. Sie ist mehr als Eros. Das zeigt uns Gott selbst: »Also hat Gott die Welt geliebt, daß er seinen eingeborenen Sohn gab, damit alle, die an ihn glauben, nicht verloren werden, sondern das ewige Leben haben« (Joh 3,16).

Gott gibt dem, der ihm vertraut, Anteil an seinem Leben, d. h. auch an seiner Liebe. Diese Liebe ist nicht primär Gefühl, obwohl sie auch Gefühle beinhaltet, sondern – wie schon gesagt – Tat. Diese Liebe hat daher ihre Auswirkungen. Paulus spricht davon: »Wer liebt, ist geduldig und gütig. Wer liebt, der ereifert sich nicht, er prahlt nicht und spielt sich nicht auf. Wer liebt, der verhält sich nicht taktlos, er sucht nicht den eigenen Vorteil und läßt sich nicht zum Zorn erregen. Wer liebt, der trägt keinem etwas nach; es freut ihn nicht, wenn einer Fehler macht, sondern wenn er das Rechte tut. Wer liebt, der gibt niemals auf, in allem vertraut er und hofft er für ihn; alles erträgt er mit großer Geduld« (1. Kor 13, 4-7; Gute Nachricht).

Wenn Jesus sagt: »Ein neues Gebot gebe ich euch, daß ihr euch untereinander liebt, wie ich euch geliebt habe« (Joh 13, 34), so heißt dies, daß z. B. der Mann seine Frau zuerst liebt, und zwar bedingungslos. Paulus schreibt: »Ihr Männer, liebt eure Frauen, wie auch Christus die Gemeinde geliebt hat« (Eph 5, 25). Das ist eine biblische Anweisung. Der Mann liebt seine Frau nicht, weil sie ihm liebenswert erscheint, sondern weil sie liebenswert ist! Diese Aussage ist ein biblisches Faktum, dem wir uns zu stellen haben, sofern die Bibel für uns verbindlich ist. An diesem Punkt entscheidet sich wirklich, was die bewegende Kraft im Leben der Eheleute ist. Wer dann auf seine Gefühle schaut, auf seine Verletzungen, auf die Demütigungen, die ihm zugefügt wurden, die Enttäuschungen, für den heißt es: unmöglich! Vielleicht sogar mit dem Zusatz: beim besten Willen, unmöglich! Er wird argumentieren, daß diese Anweisung für diese Lebenslage unmöglich ihre Gültigkeit haben kann. Da wird ja verlangt, wozu man gar nicht fähig ist, was man gar nicht selbst bringen kann. Genau das stimmt! Denn die Fähigkeit, so zu lieben – zuerst und bedingungslos, ohne zu fragen: Was hab' ich davon, was kommt für mich dabei heraus? –, die ist nicht in uns begründet. Sie hat ihren Ursprung in der Liebe Gottes. Er liebt zuerst und bedingungslos. Er fragt nicht: Was habe ich davon, wenn ich den anderen liebe? Kann er mir meine Liebe entgelten? Ist er sie überhaupt wert? – Diese Liebe ist ausgegossen in unsere Herzen durch den heiligen Geist, der uns gegeben ist« (Römer 5, 5 b). Wenn ich meinen Ehepartner wie mich selbst liebe, wird er als ein Teil von mir selbst erlebt. Also erfahre ich mich auch selbst in meinem Partner. Seine Reaktion wird dann auch Liebe sein. Wie Jesu Liebe mich verwandelt, so darf meine Liebe meinen Ehepartner verwandeln.

Die Wirksamkeit dieser Liebe Gottes kommt dort zum Tragen, wo man selbst Vergebung für eigene Schuld in Anspruch nimmt, wo man erkannt hat: Ich selbst lebe täglich aus der Vergebung, deshalb kann ich vergeben! Wenn irgendwelche menschliche Schuld bereinigt werden soll, dann geht das nicht ohne Vergebung durch Jesus Christus und Liebe gegenüber dem Mitbeteiligten, der schuldig wurde oder an Schuld gelitten hat. »Die Liebe deckt der Sünden Menge zu« durch Vergebung und nicht durch »Schwamm drüber!«, »Vergessen wir's!«

Ein biblisches Beispiel macht das deutlich. Jesus erzählt es, nachdem Petrus ihn gefragt hat: »Herr, wenn mein Bruder an mir schuldig wird, wie oft muß ich ihm verzeihen? Siebenmal?« – »Nein, nicht siebenmal«, antwortete Jesus, »sondern siebzigmal siebenmal.« Und er fuhr fort: »Wenn Gott seine Herrschaft aufrichtet, handelt er wie ein König, der mit den Verwaltern seiner Güter abrechnen wollte. Gleich zu Beginn brachte man ihm einen Mann, der ihm einen Millionenbetrag schuldete. Da er nicht bezahlen konnte, befahl der Herr, ihn selbst mit Frau und Kindern und seinem ganzen Besitz zu verkaufen und den Erlös für die Tilgung der Schulden zu verwenden. Aber der Schuldner warf sich vor ihm nieder und bat: ›Hab doch Geduld mit mir. Ich will dir ja alles zurückzahlen.‹ Da bekam der Herr Mitleid; er gab ihn frei, und auch die Schuld erließ er ihm.

Kaum draußen, traf dieser Mann einen Kollegen, der ihm einen geringen Betrag schuldete. Den packte er an der Kehle, würgte ihn und sagte: ›Gib zurück, was du mir schuldest.‹ Der Schuldner fiel auf die Knie und bettelte: ›Hab Geduld mit mir. Ich will es dir ja zurückgeben.‹ Aber darauf wollte sein Gläubiger nicht eingehen, sondern ließ ihn sofort ins Gefängnis werfen, bis er die Schuld beglichen hätte.

Als das die anderen sahen, waren sie bestürzt. Sie liefen zu ihrem Herrn und erzählten ihm, was geschehen war. Er ließ den Mann kommen und sagte: ›Was bist du für ein böser Mensch! Ich habe dir deine ganze Schuld erlassen, weil du mich darum gebeten hast. Hättest du nicht auch Erbarmen mit deinem Kollegen haben können, so wie ich es mit dir gehabt habe?‹ Dann übergab er ihn voller Zorn den Folterknechten zur Bestrafung, bis die ganze Schuld zurückgezahlt wäre. So wird euch mein Vater im Himmel auch behandeln, wenn ihr eurem Bruder nicht von Herzen verzeiht« (Mt 18,21-35; Gute Nachricht).

Soweit das Beispiel Jesu. Deutlich wird uns daran:

– *Vergebung* ist nicht nur eine punktuelle Angelegenheit, sondern *eine Gesinnung.*
– »Vergebung heißt, etwas derart wegzugeben, nämlich

in das Vergangensein, daß es nicht mehr da ist« (Paul Schütz).

- Vergebung heißt: die Schuld nicht nachtragen, den Schuldner lieben, die Vergeltung Gott überlassen.
- Vergebung will nicht nur angenommen, sondern gelebt werden.
- Vergebung verliert ihre Wirkung, wenn sie nicht umgesetzt wird.
- Vergebung schließt in sich einen Neuanfang ein.

Die verändernde Kraft der Vergebung – ein Beispiel

Das Ehepaar S. kam zum seelsorgerlichen Gespräch. Manche Schuld hatte sich in ihrem Miteinander angesammelt. So konnten und wollten sie nicht mehr miteinander weiterleben. Denn dieses Miteinander war zur Qual für sie geworden. War der Ehemann schon bisher, was das Miteinander-Sprechen betraf, sehr zurückhaltend, so kam jetzt kaum noch ein Satz über seine Lippen. Die Ehefrau hatte mit dem Sich-mit-Teilen keine Not. Sie redete und redete. Manchmal hatte man den Eindruck – so der Ehemann –, es redete, bevor überhaupt gedacht wurde. Beider Verhalten empfanden sie gegenseitig als Last. Es war ja auch nicht richtig. Sie verletzten sich gegenseitig durch ihr Schweigen ebenso wie durch ihr Reden.

Im seelsorgerlichen Gespräch wurden ihnen diese Zusammenhänge deutlich. Sie erkannten, daß sie sich durch dieses Verhalten gegenseitig nicht nur wehgetan haben, sondern daß sie auch aneinander schuldig geworden waren. Denn wenn Schweigen und Reden aufeinanderprallten, dann gab es verletzende, demütigende Worte. Doch das gegenseitige Verstehen, das Einander-mit-Teilen wurde dadurch nicht besser. Sie baten sich gegenseitig um Vergebung. Und sie baten auch Gott um Vergebung. Und sie baten mich, ihnen im Namen Jesu (Mt 18,18) die Vergebung zuzusprechen. Ich tat es!

Wochen später bekam ich einen Anruf, worin die Ehefrau mir mitteilte: »Herr Pastor, Sie haben uns doch im Namen Jesu die Vergebung zugesprochen. Aber es hat sich gar nichts geändert in unserem Miteinander!« Zunächst stutzte ich. Doch dann fragte ich zurück: »Haben Sie sich denn geändert in Ihrem Verhalten? Hat Ihr Mann sein Schweigen gebrochen? Haben Sie Ihr vieles Reden reduziert?« – »Nein, wir leben wie bisher«, war die Antwort. »Da brauchen Sie sich nicht zu wundern«, entgegnete ich. »Da kann ja Vergebung nicht wirksam werden. Sie wird zurückgenommen. Sie bleiben einander eine quälende Last.«

Inzwischen haben beide, nachdem sie nochmals zum seelsorgerlichen Gespräch gekommen waren, und wir uns die biblischen Zusammenhänge anhand des zuvor gelesenen Textes aus dem Matthäus-Evangelium deutlich gemacht haben, erkannt, daß Vergebung umgesetzt werden will, wenn sie wirksam werden soll. Sie bewirkt einen Neuanfang in doppelter Weise:

- Der Betroffene bewirkt damit seine eigene Befreiung auf der seelischen Ebene, indem er die von ihm selbst produzierte negative Bindung seiner Gedanken, Affekte und Motive an die Person, die ihm ein Ärgernis war, aufhebt, und damit seine vergifteten Gefühle entgiftet werden. Er erstickt nicht mehr an seinem eigenen Ärger, an seiner eigenen Bitterkeit.
- Dazu kommt die Auswirkung auf der geistlichen

Ebene – und das ist der eigentlich entscheidende Vorgang: das quälende Gewissen, der Peiniger, ist befriedigt. Da ist kein Recht mehr, anzuklagen.

Solches Verhalten ist möglich durch Gehorsam und Liebe dem gegenüber, der uns lehrt zu beten: »Vergib uns unsere Schuld, wie auch wir vergeben unseren Schuldigern ...« Jesus Christus (Mt 6, 12).

Ermutigung

Was ermutigt uns, immer wieder neu miteinander anzufangen, wenn wir einander enttäuscht haben?

Vaterunser

Unser Vater im Himmel!
Dein Name werde geheiligt.
Dein Reich komme.
Dein Wille geschehe wie im Himmel so auf Erden.
Unser tägliches Brot gib uns heute.
Und vergib uns unsere Schuld,
wie auch wir vergeben unseren Schuldigern.
Und führe uns nicht in Versuchung,
sondern erlöse uns von dem Bösen.
Denn dein ist das Reich und die Kraft
und die Herrlichkeit in Ewigkeit. Amen.

1 Jahr Baumwolle
5 Jahre Holz
6½ Jahre Zinn
7 Jahre Kupfer
8 Jahre Blech
10 Jahre Rosen
12½ Jahre Petersilie
15 Jahre Glas
20 Jahre Porzellan
25 Jahre Silber
30 Jahre Perlen
35 Jahre Leinen
37½ Jahre Aluminium
40 Jahre Rubin
50 Jahre Gold
60 Jahre Diamant
65 Jahre Eisen
70 Jahre Gnaden
75 Jahre Kronjuwelen

Ehejubiläen

Grüne Hochzeit – das ist der Tag, an dem ein gemeinsamer Lebensweg seinen hoffnungsvollen Anfang nimmt. Das Paar schmückt sich mit grünem Kranz und Zweig.
Baumwollene Hochzeit – sie wird nach einem Jahr gefeiert. Sie bezieht ihren Namen aus der unvermeidlichen Tatsache, daß Samt und Seide inzwischen in die Schublade gewandert sind und schlichteren, alltäglichen Textilien Platz gemacht haben.
Papierne Hochzeit – eine Bezeichnung für den ersten Hochzeitstag. Geschenke sind Alben, Gäste- oder Tagebuch.
Hölzerne Hochzeit – so wird der fünfte Hochzeitstag nach Ansicht der Pessimisten genannt, weil die anschmiegsame Zärtlichkeit der ersten Jahre im Laufe der Zeit gewisse »hölzerne« Züge bekommen hat. Der Tischschmuck besteht aus edlen Hölzern.
Kupferne Hochzeit – das siebte Ehejahr wird gefeiert. So hübsch dieses bunte Metall auch anzusehen ist – es bedarf der ständigen Pflege, damit es seinen Glanz behält.
Blecherne Hochzeit – in acht Jahren des Miteinanders bleibt es nicht aus, daß es auch einmal »scheppert«. Gut ist dann, über die Gründe dafür miteinander ins Gespräch zu kommen, um den Schaden zu beheben.
Rosen-Hochzeit – nennt man den Tag der zehnten Wiederkehr der Hochzeit. Man schenkt oft dunkelrote Rosen.

Nickel-Hochzeit – sie wird zweieinhalb Jahre später gefeiert – also einmal nicht zum gleichen Kalendertag. Nickel hießen im Mittelalter die Plage- und Poltergeister, denen man die Schuld gab, wenn alles nicht mehr so recht lief, wie man sich's vorgestellt hatte. Das erinnert an unsere Eigenverantwortlichkeit für ein gutes Miteinander in der Ehe.

Gläserne Hochzeit – fünfzehn Jahre des Miteinanders. Jetzt heißt es aufpassen, daß es keine Scherben gibt.

Porzellan-Hochzeit – feiert man nach 20 Jahren. Das behutsame miteinander Umgehen will weiterhin geübt sein.

Silber-Hochzeit – ein Vierteljahrhundert hält die Ehe nun. Grund genug, den Tag im großen Familienkreis zu begehen. Das Ehepaar trägt Silberkranz und -sträußchen.

Perlen-Hochzeit – nennt sich der dreißigste Hochzeitstag. Eine Perlenkette könnte der Dank für die Gefährtin einer so langen Wegstrecke sein.

Leinwand-Hochzeit – so heißt der Hochzeitstag nach 35 Jahren.

Rubin-Hochzeit – 40 Jahre strahlen schon etwas aus, wenn man sie gemeinsam gewandert ist.

Goldene Hochzeit – feiert man nach 50 Jahren. Sie ist ein Geschenk, und dankbar wird man sie im Kreise von Kindern, Enkeln und Urenkeln feiern.

Diamantene Hochzeit – 60 Jahre treuen Miteinanders werden nicht allzuoft gefeiert werden können. Der Diamant, der strahlendste und beständigste Edelstein, ist Symbol dieses Festes.

Eiserne Hochzeit – 65 Jahre miteinander zu leben, das ist nur Paaren vergönnt, die sehr jung die grüne Hochzeit gefeiert haben. Eisern hielten zwei Menschen zusammen.

Gnaden-Hochzeit – 70 Jahre miteinander leben zu dürfen, das ist wirklich Gnade.
Kronjuwelen-Hochzeit – das wären 75 Jahre gemeinsamen Wanderns. Das ist wirklich Krönung eines Lebens!

Jedes Jahr ein neues Ja – Interview mit drei Ehepaaren

Für junge Brautpaare hängt – wie man so sagt – der Himmel voller Geigen. Sie schwören sich ewige Treue und Liebe und glauben oft, die Harmonie und das Glück ihrer Brautzeit werde nie zu Ende gehen. Aber gerade an den überspannten Erwartungen an eine ungetrübte eheliche Zweisamkeit ist schon so manche hoffnungsvoll geschlossene Ehe zerbrochen.

Die Ehe ist kein Garantieschein für Glückseligkeit, sondern eine nüchterne Angelegenheit. Sie ist gewissermaßen die Fortsetzung des bisherigen Existenzkampfes, doch nun zu zweit. Vereint geht es allerdings nur dann leichter, wenn beide am gleichen Strang ziehen, sonst gibt es Spannungen und Reibereien, an denen sich manche Ehe verschleißt. Doch Krisen und Konflikte können auch zu Reifezeiten des Miteinanders werden, wenn man lernt, richtig damit umzugehen.

Wenn Ehepartner so viel Verständnis füreinander aufbringen, die Eigenarten des anderen zu respektieren und ihm in Liebe einen Freiraum in der Ehe gewähren, kann es gutgehen. Je mehr sich die Partner akzeptieren, achten und ehren und die Persönlichkeit des anderen anerkennen, um so inniger kann das Band der Liebe werden, das sie zusammenhält.

Ich bat drei Ehepaare, die vier, fünfundzwanzig und fünfzig Jahre miteinander verheiratet sind, etwas aus ihrem Wachsen und Reifen, ihrem Miteinander zu berichten und stellte ihnen jeweils dieselben Fragen:

Frage: **Meinen Sie, Ihren Ehepartner zu kennen?**

Herr B.:

Ja, es ist überraschend, was man nach vier Jahren noch so gelegentlich rauskriegt! Ich schätze mal, so zu 85 % vielleicht.

Frau B.:

Ja, ich denke auch, daß es immer mehr wird, gerade weil wir uns ja vorher eigentlich nur auf Distanz gekannt haben und uns durch Briefe und Telefonate nähergekommen sind, durch die räumliche Entfernung, in der wir zuerst gelebt haben.

Frau K.:

Nach 25 Jahren stelle ich immer wieder fest, daß es noch Situationen gibt, in denen ich meine, ihn noch nicht ganz zu kennen.

Herr K.:

Ja, mir geht's ähnlich. Ich dachte die ganze Zeit: Ja, ich kenne sie. Aber es ist nicht so, irgendwo gibt's da Überraschungen, und man denkt: Aha, die Seite habe ich noch gar nicht gesehen!

Frau Sch.:

Ich lerne ihn jeden Tag neu kennen.

Herr Sch.:

Ja, wir entdecken immer wieder Neues in der Persönlichkeit, auch in der Beziehung miteinander.

Frage: **Haben sich die Schwerpunkte im Miteinander im Laufe der Jahre verschoben?**

Herr B.:

Ja, das geht ganz automatisch. Wir haben jetzt ja eine Familie, mit zwei kleinen Kindern. Da wird einfach das Zusammenleben anders arrangiert, und die Art und Weise, wie wir uns begegnen, ändert sich dann auch.

Frau B.:

Ja, dem kann ich nur zustimmen: Mir geht es genauso.

Frau K.:

Ja, zumindest als die Kinder klein waren, war ich als Hausfrau mehr auf die Kinder fixiert und jetzt mehr auf das Miteinander, wenn die Kinder aus dem Haus gehen.

Herr K.:

Ja, das finde ich auch 'ne schöne Seite: Man hat jetzt wieder Zeit füreinander. Insofern haben sich die Schwerpunkte schon verschoben.

Herr Sch.:

Verschoben ..., sie haben sich verändert. Das hängt mit der Familie und dem Beruf zusammen und auch mit den Aufgaben während der Berufstätigkeit und jetzt im Ruhestand.

Frau Sch.:

Ja, im Ruhestand, das möchte ich ganz besonders betonen, da haben sich manche Aufgaben verschoben.

Frage: **Was verbindet Sie auch dort, wo es Konflikte im Miteinander gibt?**

Herr B.:

Ja, also, ich stelle fest, daß wir so ziemlich die gleichen Charakterprobleme haben. Wenn wir mal aneinandergeraten, dann meistens, weil wir uns in bestimmten Zügen doch sehr ähnlich sind, – wir haben beide einen ziemlich eigenen Kopf, wenn es darum geht, bestimmte Sachen durchzusetzen. Und so auf der Ebene bewegt sich das dann.

Frau K.:

Daß wir gemeinsam den Herrn kennen, ihn lieben. Und wenn Konflikte auftreten, sind wir doch im Gebet und Gespräch mit ihm verbunden, und wir können einfach auch von der Vergebung leben.

Herr K.:

Ich denke auch, daß wir diese Konflikte miteinander austragen. Im Laufe der Zeit haben wir einfach auch gelernt, die Dinge auszutragen und sie gemeinsam vor Gott zu bringen, die Spannungen vielleicht auch mal durchzuhalten, aber zu wissen: Wir müssen da nicht hängenbleiben, sondern wir gehen aufeinander zu, tragen es miteinander aus. Das ist auch ein Lernprozeß gewesen.

Herr Sch.:

Ja, wir haben eine Regieanweisung bekommen, als wir heirateten. Das war unser Spruch zur Trauung, Epheser 5,2: »Wandelt in der Liebe, gleichwie Christus ...« Und das war einfach die Regieanweisung auch in Schwierigkeiten des Lebens – ob es nun persönliche Schwierigkeiten waren oder Schwierigkeiten von außen.

Frau Sch.:
Das kann ich nur unterstreichen, da hab ich weiter gar nichts hinzuzufügen.

Frage: **Welche Freuden sind für Sie so etwas wie »Vitamine« für Ihr Miteinander?**

Frau B.:
Die letzte war vor zwei Tagen, da habe ich nämlich im Urlaub einen Brief von meinem Mann gekriegt.

Herr B.:
Ich erlebe Freuden, wenn ich heimkomme von der Arbeit, freue mich auf gemeinsame Unternehmungen.

Frau K.:
Rein menschlich gesehen: Wir fahren sehr gerne in Urlaub. Geistlich gesehen: Wenn wir sehr gute Gebetsgemeinschaften haben. Da tanken wir sehr auf.

Herr K.:
Was ich noch hinzufügen will: Vitamin ist für mich auch ein Spaziergang mit meiner Frau, erzählen können, so völlig frei. Da läuft bei mir das Gespräch auch am besten.

Frau Sch.:
Eine besondere Freude, aber ich muß vielleicht auch sagen: Gnade ist es, daß wir mit unseren Kindern und auch mit unseren Enkelkindern im Glauben verbunden

sind. Und wenn wir merken, daß sie auch ihr Leben daraufhin ausrichten möchten, als Christen zu leben und von ihrer Umwelt als solche erkannt zu werden.

Herr Sch.:

Daß wir mit den Kindern beten können, auch mit den Enkelkindern und sie beten auch mit uns, betrachten wir als ein frohmachendes Geschenk.

Frage: **Gibt es Phasen, in denen Sie sich trotz Ehe einsam vorkommen?**

Frau B.:

Allerhöchstens mal, wenn ich abends ganz lange auf meinen Mann warten muß, weil er noch in Arbeit vergraben ist. Aber sonst ...

Herr B.:

Ja, ich kenne auch solche Phasen. Wenn ich einfach so weit drinstecke in irgendeinem Projekt oder in irgendeiner Aufgabe und das gar nicht so mitteilen kann. Da fühle ich mich dann manchmal schon ein bißchen einsam. Aber es ist, wie gesagt, mehr 'ne selbstverschuldete Einsamkeit.

Herr K.:

Ja, das gibt es. Und zwar in dem Moment, wenn Konflikte oder Spannungen auftreten und die noch nicht gelöst sind, wir also noch in diesem Spannungsfeld leben. Da fühle ich mich oft sehr, sehr einsam, weil ich Schwierigkeiten habe, damit zurechtzukommen. Es ist noch nicht ausgesprochen, es ist noch nicht bereinigt. In diesem Moment fühle ich mich schrecklich einsam.

Frau K.:

Im großen und ganzen fühle ich mich nicht einsam. Ich habe einen anderen Charakter als mein Mann.

Herr Sch.:

Ich selbst schätze die Einsamkeit. Leider wird immer wieder die Einsamkeit als negativ angesehen. Ich selbst beurteile das Alleinsein und Einsamsein als einen Gewinn für mich. Und ich brauche auch oft das Alleinsein. Wenn wir beide miteinander spazierengehen, kann es passieren, daß wir lange kein Wort verlieren, auch beim Autofahren auf längeren Strecken. Wir müssen nicht pausenlos miteinander reden.

Frau Sch.:

Ja, ich empfinde die Einsamkeit als ein Recht, das ich mir nehmen darf. Ich brauche sie auch.

Frage: **Ist Ihr Glaube durch die Gemeinschaft in der Ehe gewachsen?**

Frau B.:

Das kann ich nicht beurteilen, noch nicht.

Herr B.:

Ja, ich kann das von mir sagen. Ich habe sehr viel vom Glauben meiner Frau gelernt und auch in der Gemeinde, aus der meine Frau kommt. Das hat meinen Glauben schon sehr bereichert.

Herr K.:

Ja, das würde ich sagen. Ganz bestimmt! Wir machen auch vieles miteinander, was Gemeinde betrifft oder besondere Einsätze. Das führt zusammen. Man erlebt gemeinsam Gottes Wirken. Und das läßt auch den Glauben wachsen.

Frau K.:

Das kann ich eigentlich nur bestätigen. Und gerade in Phasen, die uns nicht gefallen, da haben wir einfach auch Gottes Größe erlebt im Gemeinsam-miteinander-Tragen, in der Gemeinschaft. Es ist bei uns so, daß, wenn einer sich schwach fühlt, der andere stark ist. Und das ist so 'ne Wechselbeziehung bei uns.

Herr Sch.:

Es war für uns das Fundament, und an diesem Fundament hat sich nichts geändert. Im Gegenteil, wir haben in vielen Phasen des Lebens erkannt, daß der Glaube das Fundament war – auch dann, wenn es schwierig war, ob in Kriegsjahren oder in Krankheitszeiten.

Frau Sch.:

Ich habe viel Schweres auf der Flucht erlebt. Da war der Glaube, mein Glaube der Halt, den ich hatte.

Frage: **Hat denn Ihre Ehe die Vorstellung, die Sie von Ehe hatten bzw. haben, erfüllt?**

Frau B.:

Ich denke ja. Man wächst mit jedem Tag Ehe enger zusammen, wie auch in der Aufgabe, die einem gestellt ist.

Herr B.:

Also, ich habe die Ehe schon in vielerlei Gesichtspunkten als Überraschung erlebt. Ich hatte so konkrete Vorstellungen nicht, was nun das Zusammenleben bringen würde. Und von daher ist es mehr so ein Aha-Effekt. Also das entwickelt sich so, und man merkt auf und denkt: Aha, so ist das also!

Herr K.:
Ich muß sagen, ich hatte anfangs überhaupt keine Vorstellungen, wie Ehe sein müßte oder aussehen sollte. Wir sind einfach miteinander hineingewachsen in die Ehe und in dieses Miteinander.

Frau K.:
Als junges Mädchen wußte ich nur, daß ich nicht allein bleiben wollte, aber direkt eine Vorstellung von der Ehe hatte ich nicht. Und ich muß sagen, ich finde die Ehe gut, so wie sie ist.

Herr Sch.:
Wir hatten keine Vorstellungen.

Frau Sch.:
Ich wollte es nicht so sagen, aber es stimmt.

Herr Sch.:
Wir haben nie gedacht, daß wir einmal so alt werden würden und haben nie drüber nachgedacht: Wie wird es einmal sein, wenn wir mal so lange miteinander leben können? Das hat uns nicht berührt, sondern wir haben den Tag heute so gelebt, wie uns er gegeben wurde. Und den kommenden Tag haben wir Gott überlassen.

Frage: **Die Fehler, die man vorher durch eine rosarote Brille sieht oder übersieht, regen die heute auf und werden zum Problem?**

Frau B.:

Da wir vom Charakter her eigentlich ziemlich gleich sind, sind es auch immer die eigenen Fehler, die einem am andern aufregen. Und von daher versuchen wir doch, da großes Verständnis aufzubringen, auch wenn's schwerfällt.

Herr B.:

Ja, solche Fehler, die nach einer gewissen Zeit immer noch im Blick sind. Es ist ja eigentlich müßig, sich über solche Seiten aufzuregen, bei denen man irgendwann mal merkt, daß man sie doch nicht ändern kann. Aber manchmal passiert's halt doch noch.

Frau K.:

Sie regen zwar manchmal auf, aber sie werden nicht zum Problem.

Herr K.:

Ja, das würde ich auch sagen. Also, ich schau nicht mehr durch die rosarote Brille.

Frau Sch.:

Dafür kannten wir uns viel zu wenig vorher.

Herr Sch.:

Es war vielleicht ein Geschenk im nachhinein, daß wir wenig Gelegenheit hatten, miteinander vor unserer Ehe zusammenzusein. Als wir uns kennenlernten, trennten sich unsere Wege. Meine Braut lebte in Berlin, ich lebte in Stuttgart. Wir trafen uns im Jahr ein/zweimal, bis wir dann nach zweieinhalb Jahren heirateten. Also daher entdeckten wir im Zusammensein vor der Ehe überhaupt keine Fehler.

Frage: **Welche Bedeutung hat Vergebung in Ihrem Miteinander?**

Frau B.:

Sie hat eine große Bedeutung, aber es ist manchmal schwer, sie auch auszuüben.

Herr B.:

Ja, ich denke auch, Vergebung ist was Wichtiges, wobei ich merke, daß wir manchmal ein unterschiedliches Verständnis haben. Also mir wäre oft eine mündliche Klärung lieber, aber ich erleb's dann manchmal eben ein bißchen anders. Z. B. daß sich manche Sachen eben mündlich doch nicht ausräumen lassen und daß man auch mal wirklich fünfe gerade sein lassen muß und auch mal: Schwamm drüber und einfach nicht mehr drüber reden.

Herr K.:

Vergebung hat eine sehr große Bedeutung, weil ich zunächst einmal auch von der Vergebung durch Christus lebe und unsere Ehe auch davon lebt, von Vergebung und vom Miteinander-Tragen. Das ist für mich ganz wichtig, denn es geht sonst, glaube ich, nicht.

Frau K.:

Ja, das kann ich auch nur bestätigen. Wenn ich nicht

von der Vergebung Jesu leben würde, weiß ich nicht, ob unsere Ehe so gut funktionieren würde, weil es doch immer wieder mal Spannungen oder Krisen gibt. Aber wenn ich weiß, ich lebe von der Vergebung, so kann ich auch meinem Partner vergeben.

Herr Sch.:

Ohne Vergebung durch Christus wäre es sicherlich schwierig geworden. Wenn wir nicht gewußt hätten, daß Gott uns vergibt und daß wir dadurch auch befähigt sind, eigene Fehler zuzugeben. Es ist schön zu wissen, daß der andere sie mir vergibt, und wir selbst waren auch bereit, Fehler von unseren Kindern oder Enkelkindern zu vergeben.

Frau Sch.:

Aber wir haben uns auch in vielem korrigiert, damit diese Fehler nicht noch einmal auftraten. Und da haben wir uns offen miteinander ausgesprochen. Einer hat den andern aufmerksam darauf gemacht, und es entstand kein Schweigen, sondern wir konnten miteinander sprechen. Das war sehr wichtig. Das Miteinander-Sprechen darf nie aufhören.

Herr Sch.:

Wir tun's heute noch.

Frage: **Hat sich denn Ihre Liebe im Laufe der Jahre gewandelt?**

Herr B.:

Ja, wir haben inzwischen eine ganze Reihe von gemeinsamen Erfahrungen gemacht, und da wandelt sich die

Liebe schon, also es geht mehr in die Tiefe. Das Verständnis wächst. Und es ist irgendwie so, als ob man ein Bankkonto als Rückhalt habe von gemeinsamen Zeiten und Erlebnissen, die einem keiner mehr nehmen kann. Ich denke, davon zehrt die Liebe auch.

Frau B.:

Und sie verteilt sich jetzt ganz anders. Dadurch, daß wir noch zwei Kinder haben, muß man sein Potential an Liebe und Gefühlen doch immerhin schon auf drei ganz nahestehende Personen ausdehnen.

Herr K.:

Sie hat sich verändert, sie ist tiefer geworden und intensiver, vielleicht auch umfassender incl. Schwächen und Fehler, aber unheimlich tief und fest. So würde ich es definieren.

Frau K.:

Mir fällt spontan ein: Liebe ist wie ein Baum, der wächst. Sie ist, wie mein Mann sagte, inniger geworden, fester. Man kann Krisen besser durchstehen. Man weiß einfach, man kann sich auf den andern verlassen, er ist für mich da.

Herr Sch.:

Für mich ist Liebe und Zuneigung täglich ein neues Geschenk. Liebe ist für mich ein Stück gelebtes Leben.

Frau Sch.:

O ja, sie ist viel intensiver geworden. Das kommt aber daher, daß wir jetzt, seitdem mein Mann im Ruhestand ist, viel mehr Zeit füreinander haben. Und daher kommt es auch, daß wir uns mit jedem Tag eigentlich neu kennenlernen auf irgendeinem Gebiet. Und das ist wunderschön.

Frau Rebekka

bei der silbernen Hochzeit, den 15. März 1797

Ich habe dich geliebet und ich will dich lieben,
Solang du goldner Engel bist;
In diesem wüsten Lande hier, und drüben
Im Lande, wo es besser ist.

Ich will nicht von dir sagen, will nicht von dir singen;
Was soll uns Loblied und Gedicht?
Doch muß ich heut' der Wahrheit Zeugnis bringen,
Denn unerkenntlich bin ich nicht.

Ich danke dir mein Wohl, mein Glück in diesem Leben;
Ich war wohl klug, daß ich dich fand;
Doch ich fand nicht. Gott hat dich mir gegeben;
So segnet keine andre Hand.

Sein Tun ist je und je großmütig und verborgen;
Und darum hoff ich, fromm und blind,
Er werde auch für unsre Kinder sorgen,
Die unser Schatz und Reichtum sind.

Und werde sie regieren, werde für sie wachen,
Sie an sich halten Tag und Nacht,
Daß sie wert werden, und auch glücklich machen,
Wie ihre Mutter glücklich macht.

Uns hat gewogt die Freude, wie es wogt und flutet,
Im Meer, so weit und breit und hoch –
Doch, manchmal auch hat uns das Herz geblutet,
Geblutet ... Ach, und blutet noch.

Es gibt in dieser Welt nicht lauter gute Tage,
Wir kommen hier zu leiden her;
Und jeder Mensch hat seine eigne Plage,
Und noch sein heimlich Crève-coeur.*

Heut aber schlag ich aus dem Sinn mir alles Trübe,
Vergesse alle meinen Schmerz;
Und drücke fröhlich dich, mit voller Liebe,
Vor Gottes Anlitz an mein Herz.

Matthias Claudius

* Herzeleid

Vom Segen und Segnen

»Gott segne dich« ist für viele zur gedankenlos gebrauchten Formel geworden. »Gottes Segen« wünscht man sich zum Neuen Jahr oder zum Geburtstag, zur Geschäftseröffnung oder zur Silberhochzeit. »Gott segne dich!« sagt einer und meint: »Viel Glück und alles Gute!« Wer wäre schon auf den Gedanken gekommen, einem Krebskranken oder in einem Trauerhaus »Gottes Segen« zu wünschen?!

»Gottes Segen« – viele können sich eigentlich nichts Rechtes darunter vorstellen. Diese Formulierung ist zu einem Füllwort geworden, das aus der Verlegenheit helfen soll, wenn einem nichts Konkretes einfällt. Für viele hat der Segen Gottes keine erkennbare Gestalt. Und doch schwingt in dem Ausdruck »Segen« – wenn er gebraucht wird – eine Ahnung mit, daß hier ursprünglich mehr gesagt wurde, als viele heute darunter verstehen.

Es lohnt sich meines Erachtens daher, diesem Ausdruck in der Bibel einmal nachzugehen. Es macht froh und befreit, zu erkennen und für sich in Anspruch zu nehmen, was uns gesagt wird, wenn wir mit den Worten in eine neue Arbeitswoche gesandt werden: »Der Herr segne dich und behüte dich, der Herr lasse sein Angesicht leuchten über dir und sei dir gnädig, der Herr erhebe sein Angesicht über dich und gebe dir Frieden« (4. Mose 6,24-26).

Wir wollen dieses Wort »Segen« in zweifacher Bedeutung zu uns sprechen lassen:

Gott sagt: *»Ich will dich segnen und du sollst ein Segen sein!«* (1. Mose 12, 2).

»Ich will dich segnen!«

Das bedeutet nicht unbedingt, daß wir von Gott mit seelischen Glücksgefühlen erfüllt würden. Menschen in der Gegenwart Gottes sind Gesegnete Gottes. Das Wort »Segen« erinnert an Signieren, an Signum, also Zeichen.

Gesegnete sind von Gott in Beschlag genommene Menschen, die von Gott für Gott gebrauchsfähig gemacht werden. Sie fühlen sich nicht nur gestärkt, sondern wissen sich auch unter der Leitung des Heiligen Geistes und sind sich ihrer beständigen Versorgung durch Gott bewußt.

Gesegneter sein heißt: Ich stehe unter dem Schutz Gottes. Das sagt er mir zu! Dieses Wissen schenkt Geborgenheit in einer Zeit, da die Angst lebensbedrohend geworden ist. Gott, der Vater, will mich darin bewahren: »Mitten in der Angst bist du da – umgibst du mich und hältst deine Hand über mir« (Ps 139, 5).

Gesegneter sein heißt: Ich stehe unter Gottes Gnade. In einer gnadenlosen, kalten, lieblosen Welt läßt mich dieses Wissen aufatmen. Gott ist für mich, obwohl er Grund hätte, gegen mich zu sein, wegen all meiner Eigenwilligkeit. Daß er für mich ist, zeigt er mir in Jesus Christus. Läßt er mich doch sagen: »Wer will uns scheiden von der Liebe Christi?« (Röm 8,35).

Gesegneter sein heißt: Ich stehe im Frieden Gottes. Das ist das größte Geschenk, das ist heilsamer Freiraum zum Leben. Gott ist in mir durch den Heiligen Geist. Durch ihn will er mir wohltun nach Geist, Seele und Leib: »Er aber, der Gott des Friedens, heilige euch durch und durch und bewahre euren Geist samt Seele und Leib unversehrt, untadelig für die Ankunft unseres Herrn

Jesus Christus. Treu ist er, der euch ruft; er wird's auch tun« (1. Thess 5, 23.24).

Im Neuen Testament bedeutet das Wort »Segen«, daß Gottes Wirklichkeit im Leben eines Menschen zum Tragen kommt. Segen und segnen ist das Mitteilen und Weitergeben von Kräften, die ihren Ursprung in Gottes Welt haben und nicht in dieser sichtbaren und machbaren Welt (vgl. Eph 1, 3).

Gesegnete sind Menschen, die in Gottes Gegenwart stehen und aus der Verbindung mit ihm leben. Diese Menschen werden dann aufgrund ihrer tatsächlichen Lebensbasis für andere zum Segen. Die Lebensbilder vieler Gottesmenschen geben dafür ein eindrückliches Zeugnis. Und wie wichtig ist das auch innerhalb von Ehe und Familie!

Damit rückt der andere Gesichtspunkt in den Vordergrund: **»Du sollst ein Segen sein!«**

Gesegnete sind Segensträger. Ihr Gruß und Segenswunsch ist keine leere Formel, sondern Kraft und Wirklichkeit. Sie sind Menschen mit besonderer Vollmacht. Von ihnen geht eine Strahlungskraft aus. Denken wir z. B. an Vater Blumhardt, den Gott, der Herr, in vielfältiger Weise segnete und der dadurch für viele zum Segen wurde, daß sie befreit wurden von der Macht des Bösen. Vater Blumhardt sandte seinen Sohn in den Kampf und die Auseinandersetzung mit dieser Welt mit den Worten: »Ich segne dich zum Siegen«. Und seines Vaters Segen wirkte sich siegreich im Leben des Sohnes aus.

Ich erinnere mich an eine alte Frau, die sich aufgrund ihres Krankseins selbst kaum noch vorstehen konnte; die von Gicht gequält wurde und selten ohne Schmerzen war. Eigentlich hätte ich als Seelsorger ihr ja Zuspruch und Trost bringen sollen bei meinen Besuchen.

Aber immer wieder geschah es, daß *ich* nach einer Begegnung mit ihr der Gesegnete war. Es verging kaum ein Besuch, wo sie mir nicht die Hand auf die Schulter beim Abschied legte und sagte: »Gott segne Sie.« Das war keine Floskel. Ihr Wort hatte Wert und Bedeutung, und ihr Gebet und ihre Handauflegung waren eine Machtergreifung Gottes. Wir wollen uns dessen ganz neu bewußt werden.

Der Gesegnete hat die Möglichkeit, ja ist dazu berufen, aktiv am Heilsgeschehen Gottes teilzunehmen. Jesus will segnen und benutzt die Seinen zur Vermittlung dieses Segens – hinein in die Familien.

Dort, wo sich gottesfeindliche Macht zusammenballt,

wo Fluch und Haß, Bitterkeit und Neid herrschen,

wo Krankheit und Anfechtung, Glaubenszweifel und Resignation um sich greifen ...

kann und soll der Jünger Jesu in der Macht der Liebe Gottes, im Namen Jesu dem Hilfe- und Ratsuchenden den Segen Gottes zusprechen. Achten wir bewußt darauf: Es ist Zuspruch Gottes.

Aber auch dort kann und soll es geschehen,

wo ich in Lebensfragen und Entscheidungen nach Gottes Willen handeln will,

wo ich zu Aufgaben, die mir von Gott gestellt sind, Zurüstung und Kraft brauche;

wo ich mich von Sünden und Bindungen bewußt trennen will;

wo ich gestörte Beziehungen ordnen will;

wo ich mich mit all meinen Gaben, Fähigkeiten, meiner Kraft, Zeit und meinem Geld Gott zur Verfügung stellen will.

Der Segnende gibt den Gesegneten in Gottes Schutz

und Geborgenheit, unter Gottes Einfluß und Kraft. Für uns bedeutet dies eine ganz praktische Kraft und Möglichkeit, im Namen Gottes und seines Sohnes Jesus Christus Menschen – unsere Kinder – zu beeinflussen und unsere Familien zu prägen. Dieses Angebot haben viele verlernt bzw. sie nutzen es nicht oder haben es noch gar nicht erkannt. Der Segen rechnet mit der Macht Gottes und seinen Liebesabsichten. Der Segen selbst ist Auswirkung dieser Liebe Gottes. Damit können wir unserem Ehepartner und unseren Kindern noch viel mehr mitgeben als unsere menschliche, schnell erschöpfte Liebe.

Vielfältig sind die Auswirkungen des Gesegnetwerdens:

- Gottes Liebe kommt in mir zur Wirkung.
- Meine Liebe zu Jesus wird reiner und tiefer.
- Gesundung an Leib, Seele und Geist kann eintreten.
- Ich werde belastbarer und widerstandsfähiger.
- Ich gewinne Einsichten in den Willen Gottes mit meinem Leben.
- Wegführungen werden mir klarer.
- Befreiung von Belastungen wird geschenkt.
- Zweifel werden überwunden.
- Leid wird angenommen und damit wertvoll.
- Frieden kommt ins Herz.
- Vergebung und Heilsgewißheit.

Keine Segnung bleibt ohne Folgen! Wir wollen uns das noch etwas konkret verdeutlichen mit einem Wort Jesu. Er sagt: »Liebt eure Feinde; segnet, die euch fluchen; tut wohl denen, die euch beleidigen und verfolgen« (Mt 5, 44). Hier werden Menschen in den Machtbereich der Liebe Gottes genommen. Unsere Reaktion ist dann nicht beleidigt sein, sich zurückziehen und fliehen, sondern segnen. Das bedeutet in diesem Zusammenhang, daß ich den, der mir böse ist, mit kleinen Aufmerksamkeiten der Liebe verfolge, ihn immer wieder in meinem fürbittenden Gebet unter den Einfluß des Geistes Gottes bringe. Dadurch komme ich aus der Reaktion in die rechte Aktion. Was für ein Schatz liegt hier verborgen für die Beziehungen in der Familie.

Die meisten Menschen, leider auch Christen, leben *reaktiv,* sie verhalten sich nach dem Echogesetz der Welt: Wie man ihnen begegnet, begegnen sie anderen. Sie reagieren auf das, was man ihnen antut oder über sie sagt, ebenso negativ. Gerade in der Familie, wo man einander so gut kennt, passiert das leider sehr schnell. Wer aber unter dem Segen Gottes steht und sich berufen weiß, zu segnen, kommt zur echten *Aktion.* Er ist nicht mehr nur Echo auf seine Umwelt, sondern auf das, was Gott aus ihm gemacht hat. Er ist also in gutem Sinne aktiv, will das Gute tun und sagen, macht durch seinen Segen die lähmende Kraft des Bösen unwirksam. Menschen, die uns unsympathisch sind, sollten wir durch unser Segnen unter den Einfluß Gottes bringen. Das hat seine Auswirkungen. Menschen werden unter dem Einfluß Gottes anders, ja man verändert seine eigene Lebenshaltung diesen Menschen gegenüber. Wie hilfreich ist das besonders auch im Miteinander in der Ehe! Wenn ich mich in echter Fürbitte intensiv mit dem anderen beschäftige, im Geist ihn segne und alles Gute für ihn erbitte, Gott für ihn preise und danke für alles, was er ihm geschenkt hat und noch schenken wird, wird meine Haltung zu ihm anders. Und wenn ich mich ändere, kann der andere nicht bleiben, wie er ist. Während ich nämlich für ihn danke, segne ich ihn – und helfe damit mir selbst, über meine negative Einstellung hinwegzukommen.

Für Eltern mit Kindern ist das Segnen eine dringende Notwendigkeit. Eltern sollten eigentlich ihre Kinder nicht ungesegnet aus dem Haus gehen lassen. Es ist nicht einfach Zeremonie, wenn eine Mutter an der Haustür noch einmal die Hand des Kindes nimmt, dabei ihre andere Hand auf seinen Kopf legt und einen Segenswunsch für es spricht. Unsere Kinder gehen, selbst auf dem Weg zur Schule, in so viele Gefahren für Leib und Seele, daß wir sie auf dem Weg beschützen sollten. Wir können das ausweiten auf alle Lebensbereiche. *Segnen bedeutet, Menschen und Verhältnisse im Gebet unter den Einfluß Gottes bringen,* der ja viel, viel mehr Liebe und Fürsorge, Einblick und Durchblick hat als wir selbst – vor allem durch die Macht und das Wollen zu helfen.

Noch einmal: Segen ist ein aktives Tun und nicht nur Fürbitte im üblichen Sinn. Segnen rechnet mit der Macht Gottes, die uns im Heiligen Geist verliehen ist, und weiß um die Kraft, die im Namen Jesu ist, durch den und in dem wir segnend wirken sollen.

Somit ist der segnende Gedanke, der segnende Blick, die segnende Hand, das segnende Gebet mehr als nur das, was dabei sichtbar wird: sie sind eine Machttat der Liebe Gottes, die Neues schafft.

Segensworte

Der Herr sei vor dir, um dir den rechten Weg zu zeigen.

Der Herr sei neben dir, um dich in die Arme zu schließen, um dich zu schützen gegen Gefahren.

Der Herr sei hinter dir, um dich zu bewahren vor der Heimtücke des Bösen.

Der Herr sei unter dir, um dich aufzufangen, wenn du fällst.

Der Herr sei in dir, um dich zu trösten, wenn du traurig bist.

Der Herr sei um dich herum, um dich zu verteidigen, wenn andere über dich herfallen.

Der Herr sei über dir, um dich zu segnen.

So segne dich der gütige Gott heute und morgen und immer.

Segensspruch aus dem 4. Jahrhundert

Der Herr segne dich und behüte dich;
der Herr lasse sein Angesicht leuchten über dir
und sei dir gnädig;
der Herr hebe sein Angesicht über dich
und gebe dir Frieden.
(4. Mose 6, 24-26)

Herr, segne uns und laß uns dir dankbar sein.
Laß uns dich loben, solange wir leben,
und mit den Gaben, die du uns gegeben,
wollen wir tätig sein.
Herr, geh mit uns und laß uns nicht allein!
Laß uns dein Wort wie ein Beispiel bewahren,
in der Gemeinde deine Kraft erfahren,
laß uns wie Brüder und Schwestern sein.
Herr, segne uns und laß uns ein Segen sein!
Laß uns versuchen, zu helfen, zu heilen
und unser Leben wie das Brot zu teilen.
Laß uns dein Segen sein.
Amen.

Kurt Scherer

Krisen – Reifezeiten des Lebens

Tb., 180 S., Nr. 58.063,
ISBN 3-7751-1850-0

Eine Krise kann für Geist, Seele und Leib gefährlich werden, wenn sie nicht richtig verarbeitet wird. Sie führt in ein Spannung, die positiv, aber auch negativ verlaufen kann. So belastend eine Krise ist, so liegen in ihr doch auch Chancen zum Reifen der Persönlichkeit. Dr. Kurt Scherer möchte echte Lebens- und Glaubenshilfe geben, damit der positive Aspekt der Krisenbewältigung genützt werden kann.

Kurt Scherer

Konflikte bewältigen

Leitfaden für Lebens- und Glaubensfragen
Tb., 144 S., Nr. 70.591,
ISBN 3-7751-1548-X

Konflikte, Ängste, Spannungen – für viele Christen ein Tabu. Andererseits gibt es kein Leben ohne Spannungen und Schwierigkeiten. Wie kann man damit sinnvoll umgehen?
Der ERF-Seelsorger Kurt Scherer bietet biblisch fundierten Rat im Umgang mit menschlichen Grundproblemen und Orientierung in theologischen Fragen, die in diesem Zusammenhang aufbrechen.

Bitte fragen Sie in Ihrer Buchhandlung nach diesen Büchern! Oder schreiben Sie an den Hänssler-Verlag, Postfach 12 20, W-7303 Neuhausen-Stuttgart.